铁路工务工程专业拓展及岗位培训教材

道岔工电结合部病害整治
（第二版）

戴成新　安彦坤　方树薇　曾令玉　主编

中国铁道出版社有限公司

2024年·北京

图书在版编目(CIP)数据

道岔工电结合部病害整治/戴成新等主编.—2版.—北京:中国铁道出版社有限公司,2023.6(2024.7重印)
铁路工务工程专业拓展及岗位培训教材
ISBN 978-7-113-30277-1

Ⅰ.①道… Ⅱ.①戴… Ⅲ.①轨道(铁路)-道岔-铁路养护-岗位培训-教材 Ⅳ.①U216.42

中国国家版本馆CIP数据核字(2023)第092055号

书　　名：道岔工电结合部病害整治
作　　者：戴成新　安彦坤　方树薇　曾令玉

策　　划：邱金帅
责任编辑：张　婕　　　　**编辑部电话：**(010)51873656
编辑助理：郝　琳
封面设计：高博越
责任校对：苗　丹
责任印制：赵星辰

出版发行：中国铁道出版社有限公司(100054,北京市西城区右安门西街8号)
网　　址：http://www.tdpress.com
印　　刷：天津嘉恒印务有限公司
版　　次：2018年11月第1版　2023年6月第2版　2024年7月第3次印刷
开　　本：880 mm×1 230 mm 1/32　**印张：**13.625　**字数：**435千
书　　号：ISBN 978-7-113-30277-1
定　　价：68.00元

前　言

道岔设备是行车设备中最重要的基础设备之一，其构造复杂、零件较多、受列车冲击力大、技术标准要求高，是轨道设备薄弱环节及故障易发部位，也是工电部门日常维修的难点和重点。道岔设备分属工务和电务两部门维修，因此存在结合部，设备上相互牵涉、相互影响，而结合部的设备病害如果得不到及时整治，就会影响设备正常运用，特别是反映到电务设备上，会发生道岔操纵和表示方面的故障。

长期以来，对结合部设备病害虽经工电双方反复整治，但效果并不十分明显。究其原因：一是对开展工电联合整治道岔的重要性认识不足，对道岔设备性能了解不够，结合部病害判断不准，消除病害方法不当；二是联合整治"不联"，道岔结构、技术标准、病害产生原因等了解、掌握不清，整治"各自为政"，使联合整治工作处于被动状态。

本书从道岔工电设备基础知识开始，为大家介绍了道岔工电结合部维修标准、病害原因分析、道岔结合部病害整治、道岔结合部调整等相关内容，可以为现场工电职工提供一些参考，提高现场处理故障的能力。本书可以作为职工培训、日常学习参考用书，亦可作为轨道交通院校相关专业的培训参考教材。

本书由戴成新、安彦坤、方树薇、曾令玉任主编，张梦楠、郭世豪、温宇任副主编。本书在编写过程中参考了大量的文献资料，由于涉及的作者太多，不能在此一一列举，特向原作者表示歉意，并表示感谢。

因编写时间仓促，书中难免存在错误。对于书中错误之处，敬请读者批评指正。如果书中涉及规章、规定与现行规章、规定不一致，请以现行规章、规定为准。

编 者

2023 年 2 月

目　录

第一章　道岔工电设备基础知识

道岔在设计阶段就是一个完整的系统，工务与电务也被认为是两个相互影响的一体化系统。工务系统应为电务系统提供良好的工作环境与安装平台，电务系统既要确保正常的道岔转换与锁闭功能，又要适应道岔尖轨与可动心轨在无缝线路中的自由伸缩，还要保证尖轨与可动心轨在转换后的正常的工作线形。道岔部件间精密配合是保证道岔正常工作的关键技术之一，各部件的装配与铺设误差直接影响着道岔结构的平顺性，道岔的现场铺设与养护维修过程应纳入系统考虑之中。

道岔作为工电结合部重点整治的设备，无论在施工安装方面，还是在日常养护维修方面，工务和电务部门均要相互配合，密切协作。因此，双方互相学习了解对方相关设备的基础知识，熟悉对方的设备性能显得尤为重要。本章主要介绍道岔、转换设备与轨道电路的基础知识。

第一节 道岔基础知识

一、道岔作用

把一条轨道分支为两条或以上的设备称为道岔。

道岔是铁路轨道结构的重要组成部分。铁路运输业务中的列车到发、会让、越行，机车摘挂，车辆调车、编解，机车车辆整备修理，货物装卸作业，不同铁路线路的连接以及铁路路网与矿山港口工厂专用铁路的连接等，均需借助于道岔方能实现。

铁路道岔设备包括道岔、交叉、道岔与交叉的组合以及其他轨道设备。

二、道岔组成

道岔主要由转辙器、连接部分、辙叉及护轨部分组成，菱形道岔由两个锐角辙叉和两个钝角辙叉组成。

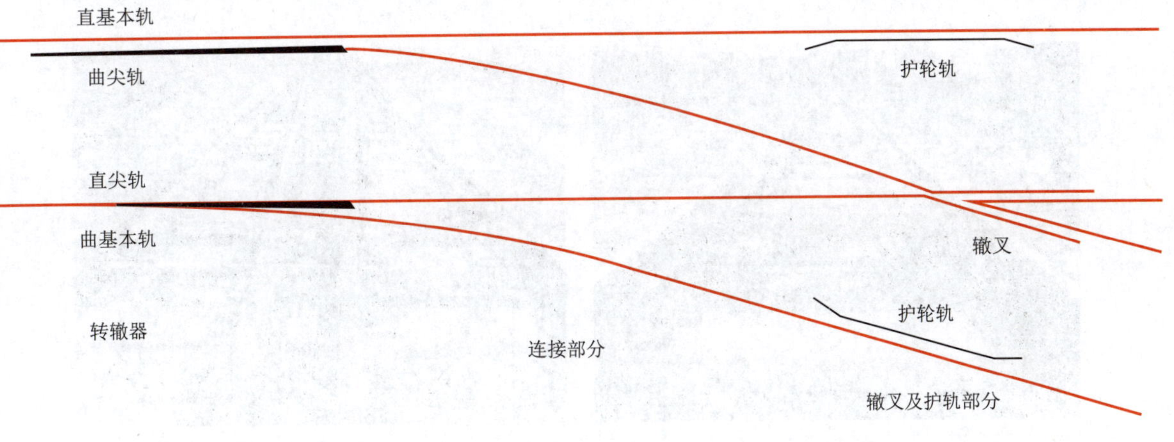

三、转辙器组成

转辙器是在道岔中引导车轮从一线进入他线的设备，一般由两根基本轨、两根尖轨、各种联结零件及道岔转换设备组成。

单开道岔转辙部分

交分道岔转辙部分

(一)基 本 轨

1.基本轨的形式及作用

转辙器基本轨由标准断面钢轨制成,一侧为直基本轨,另一侧为曲基本轨。“75”型及以前各型道岔尖轨采用贴尖式,基本轨轨头不加工;“92”型道岔、提速道岔、高速道岔尖轨采用藏尖式,基本轨轨头工作边侧面需要机加工。

基本轨除承受车轮的垂直压力外,还与尖轨共同承受车轮的横向水平推力,并保持尖轨位置的稳定。

贴尖式基本轨

藏尖式基本轨

2. 曲基本轨的弯折

直基本轨不进行弯折。曲基本轨应按支距进行弯折，以保持转辙器轨距、方向的正确，以及尖轨和基本轨的密贴，各弯折段长度按下列方法确定：

(1)直线尖轨道岔的曲基本轨

①弯折基线长度。从尖轨尖端到尖轨跟端范围，基本轨为一直线段，作为弯折基线。为避免因弯折圆弧造成尖轨尖端不密贴，应在尖轨尖端前 100 mm 左右进行弯折，并将弯折基线延至间隔铁后 50 mm 左右。

②基本轨前部弯折段长度。当尖轨尖端处有轨距加宽时，为避免弯折接头夹板，接头夹板后基本轨应设一弯折点。

(2)曲线尖轨道岔的曲基本轨

以尖轨尖端到直尖轨轨头刨切起点这一直线段作为弯折基线，当尖轨尖端处轨距加宽时，需向前延长 100 mm 左右，使该处轨距为 1 435 mm。当尖轨尖端处轨距不加宽时，弯折基线不必向前延长，基本轨前部接头夹板也无须弯折。

弯折的位置称为弯折点，弯折点弯折和弯折支距应根据道岔采用的尖轨线形确定。一般在尖轨尖端设计一个弯折点，在尖轨跟端(或尖轨刨切起点)设计一个弯折点，由于这两个弯折点的设置保证了转辙器部分轨距的递减均匀，直、曲基本股的轨向顺直；对曲基本轨未弯折或弯折量不足的应有计划地弯折到设计值。

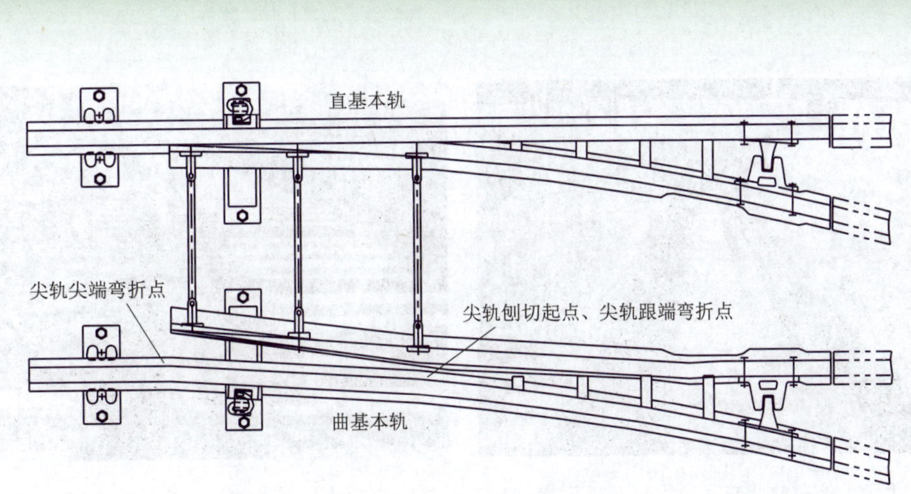

曲基本轨弯折示意

曲线尖轨道岔曲基本轨现场弯折示意

直线尖轨道岔曲基本轨现场弯折示意

3. 基本轨螺栓孔

基本轨轨腰上应设有用于联结轨撑和辙跟设备(辙跟间隔铁或限位器等)、转换设备的螺栓孔,"92"型和提速道岔还设有联结顶铁的螺栓孔。螺栓孔的数量和间距一般采取直、曲基本轨相同的设计。由于直、曲基本轨螺栓孔距相同,所以铺设后左右两尖轨的跟端和尖端相错几毫米。

(二)尖　　轨

转辙器中经过刨切的可动钢轨,是转辙器的主要组成部件之一,列车依靠尖轨的开通方向不同而进入道岔直股或侧股线路。尖轨采用与基本轨同类型标准钢轨或特种断面钢轨刨切制成;尖轨的长度根据道岔号数和尖轨的形式确定。

1. 尖轨形式

(1)按平面形式分类

①直线形尖轨。

直线形尖轨的工作边为一直线，它与基本轨工作边所成的交角称为转辙角 β，它与尖端角 β_0 相等，也与车轮轮缘冲击尖轨工作边的冲击角 β_c 相等。转辙角的大小决定了列车通过侧股速度的高低，并应与导曲线半径大小相匹配。直线形尖轨可用于左开或右开单开道岔，加工制造简单，便于维修及更换，是我国应用较为广泛的一种尖轨形式。直线形尖轨缺点是道岔长；尖轨尖端轨距加宽值大，影响列车沿正线运行的平稳；转辙角 β 较大，当列车逆向进入侧线时，轮缘对尖轨的冲击较大，列车平稳性差。

②曲线形尖轨。

曲线形尖轨的工作边除尖端前部有一小段直线外，其余均为圆曲线，一般冲击角 β_c 小于直线形尖轨，列车运行平稳，旅客的舒适性较好。同时，曲线形尖轨与导曲线的衔接比较圆顺，与同号码直线形尖轨比较，可以增大导曲线半径，提高列车侧向通过速度，道岔全长也可以缩短。曲线形尖轨缺点是左、右开道岔不能通用，加工较复杂。

直线形尖轨

曲线形尖轨

(2)按尖轨断面形式分类

①普通钢轨断面尖轨。

普通钢轨断面尖轨采用标准断面钢轨制造。尖轨刨切部分断面较弱,需在轨腰两侧设补强板进行加强。补强板的长度为尖端到轨头和轨底刨切起点之间的距离,两侧补强板用螺栓与钢轨联结在一起。普通钢轨断面尖轨因轨底重叠在基本轨轨底上,尖轨轨底需要刨切。为减少轨底刨切量并增加尖轨的竖向和横向刚度,尖轨顶面比基本轨轨顶高 6 mm,由此造成了列车过岔的垂直不平顺,这是普通钢轨断面尖轨的一个显著缺点。另外,加工补强板、钻孔等也增加了加工制造的工作量。

②特种断面钢轨。

我国特种断面钢轨采用矮型特种断面钢轨(简称 AT 轨)。现已推广使用的 50AT1 钢轨(原 50AT 钢轨)和 60AT1 钢轨(原 60AT 钢轨)高度均比同轨型普通钢轨低 24 mm。使用时在 AT 轨下设置滑床台,跟部锻压成同轨型普通钢轨断面与导轨联结。75 kg/m 钢轨道岔也用 60AT1 轨制造尖轨,不设轨底坡时滑床台高度为 48 mm。

AT 轨的主要优点如下:

a. 取消了普通钢轨尖轨 6 mm 抬高量,消除了列车过岔时的垂直不平顺,可提高道岔直股过岔速度。

b. AT 轨整体性强,刚度大,在使用中不易出现拱腰鼓肚现象,养护维修工作量小。

c. AT 轨下可设置较高的滑床台,可将基本轨轨底扣住,提高基本轨的稳定性和道岔的整体性。

d. 由于滑床台较高,可减小沙、雪的影响,提高行车的安全性。

普通钢轨断面尖轨

特种断面钢轨

(3)按尖轨尖端与基本轨接触形式分类

①贴尖式。

“75”型道岔均采用贴尖式,基本轨轨颚不刨切,加工简单,备品方便。

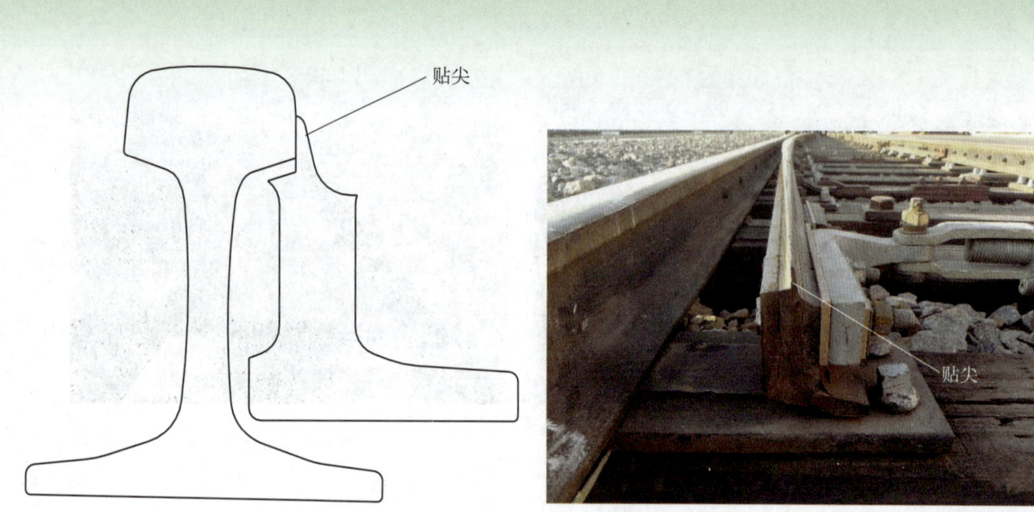

②藏尖式。

“92”型道岔、提速道岔、高速道岔尖轨采用藏尖式，将尖轨尖端藏在基本轨工作边内，以保护尖端不被车轮轧伤，并使尖轨在动荷载作用下保持良好的竖向稳定。因基本轨轨颚需要刨切，要求基本轨和尖轨的刨切面接触良好，加工要求严格，并需备用曲、直基本轨。

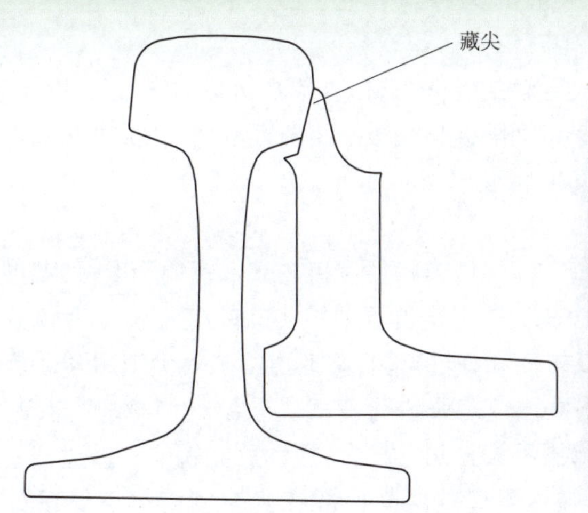

(4)按尖轨跟端构造形式分类

尖轨跟端是转辙器的枢纽部分，用间隔铁和接头夹板等联结零件联结，使尖轨跟端接头成为一个整体结构。保证在尖轨受力时，不发生水平、纵向和垂直移动，确保尖轨在转换时扳动灵活，无卡阻。尖轨的跟端结构必须保证尖轨能根据不同的转辙要求在平面上左右摆动，且坚固稳定、制造简单、维修方便。

①间隔铁式(活接头式)。

间隔铁式跟端采用间隔铁保持基本轨与尖轨、导轨的间隔尺寸,并设内外轨撑与辙跟垫板联结,以保持辙跟不爬行、不跳动。在跟端设双头螺栓保持间隔铁与夹板的距离,以使尖轨扳动灵活。但尖轨跟端不能固定,形成活接头,稳定性较差,容易发生病害。

②弹性可弯式。

弹性可弯式尖轨跟端采用普通钢轨接头形式,用间隔铁或扣件保持与基本轨的距离,"92"型道岔还用轨撑保持跟端位置和稳定性。为减小扳动力,在尖轨固定位置前将尖轨轨底一侧或两侧刨掉一部分(长 1~2 m),成为柔性点,尖轨便可围绕该点转动和弹性弯曲;高速道岔未对尖轨跟端轨底作刨切,虽增加了尖轨的搬动力,但有利于保持尖轨跟端强度。弹性可弯式尖轨结构简单、稳定、易于保养,比活接头尖轨有较大的优越性,但尖轨较长,如果不设置第二拉杆,扳动后尖轨非工作边与基本轨间的轮缘槽往往小于容许值(65 mm),所以采用弹性可弯式尖轨一般在尖轨刨切起点处设置第二拉杆。

间隔铁式

弹性可弯式

(三)转辙器主要零件

1. 道岔顶铁

道岔顶铁设置在尖轨轨头刨切起点之后的尖轨或基本轨轨腰上，其作用是保持尖轨与基本轨的距离，将尖轨所受的水平力传递给基本轨，并防止尖轨跳动。“75”型道岔顶铁由扁钢热弯成型，“92”型道岔和提速道岔顶铁由方钢锻制。部分提速道岔也采用铸造顶铁。当顶铁与轨腰的间隙大于1 mm时,可用顶铁调整片调整。

安装在尖轨轨腰

安装在基本轨轨腰

顶铁有多种形式,有扁钢制成的半圆形顶铁、梯形顶铁,有方钢制成的顶铁。高速道岔为了增加尖轨的防跳性能,在尖轨密贴端以外还设置了防跳顶铁。

半圆形顶铁

梯形顶铁

方钢顶铁

防跳顶铁

2. 轨撑

轨撑一般安设在转辙器基本轨外侧,以防止基本轨横向移动和外翻,起到控制基本轨轨头位移的作用。

(1)"75"型道岔用轨撑

"75"型道岔轨撑为双墙式,铁垫板上冲长方孔,上焊圆孔铁座,用两个 22 mm 的垂直螺栓将轨撑与垫板相联结,用一个水平螺栓将其与基本轨相联结。双墙式轨撑的优点是与铁垫板和钢轨的联结较为牢固,缺点是难以调整基本轨的横向位置。双墙式轨撑除安设在基本轨外侧以外,也可用于导曲线钢轨和护轨,此时可不设与钢轨联结的水平螺栓。

轨撑容易存在“三道缝”(轨撑与轨头下颚离缝、轨撑与垫板挡肩离缝及基本轨底边与滑床台间缝隙),过车时基本轨产生横向移动,造成晃车、尖轨不密贴或轧伤等病害。

(2)“92”型道岔用轨撑

“92”型道岔用轨撑为可调式轨撑,由轨撑、调整楔、垫板挡铁、两个垂直螺栓和一个水平螺栓组成。通过调整楔高低位置来调整基本轨的横向位置,即当调整楔的螺栓拧紧时,可把基本轨固定在滑床板上。调整楔设有突出部分卡在轨撑内,可阻止基本轨爬行。轨撑的横向调整范围为±6 mm,出厂时调整楔上表面不应低于挡铁顶面,以免在使用磨耗后调整楔很快落地,失去调整作用。

(3)提速道岔用轨撑

提速道岔由于采用弹性扣件，因此研制了弹条扣压的轨撑。轨撑的横向位置可以通过变动调整块的上下位置和调边使用来进行调整。

3. 道岔接头铁、拉杆及连杆

道岔接头铁、拉杆及连杆是联结两尖轨以增强尖轨的框架刚度、提高尖轨稳定性的设备。拉杆与转换设备相连，用以转换尖轨位置。提速道岔、高速道岔尖轨采用分动转换，因此不需要设置接头铁、拉杆及连杆。

(1)接头铁

接头铁用两个螺栓联结在尖轨轨腰上，其上设有铰接螺栓孔与拉杆、连杆相连。目前主要使用T形接头铁和扁钢接头铁两种。

①T 形接头铁由型钢锻造而成，与方钢拉杆、连杆配合使用。在接头铁与尖轨之间设置调整片调整两尖轨距离。如设有轨道电路，接头铁与尖轨之间应设置绝缘。

T 形接头

T 形接头与方钢拉杆、连杆连接

②扁钢接头铁用螺栓联结在尖轨轨腰上，由扁钢热弯成型，其上设 3 个铰接螺栓孔，以调整两尖轨距离，与扁钢拉杆、连杆配合使用。如设有轨道电路，在拉杆、连杆的中部应设置绝缘。

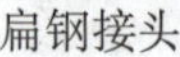

扁钢接头

扁钢接头与扁钢拉杆、连杆连接

(2)拉杆

拉杆一般设在尖轨尖端后两个岔枕之间,拉杆中心距离尖轨尖端的距离应根据道岔设计要求确定。在拉杆中部设 4 个螺栓孔连接转换设备的杆架,以拉动尖轨。对于可弯尖轨的道岔,还应在尖轨轨头刨切起点附近设第二拉杆,以保证基本轨与尖轨的密贴以及最小轮缘槽不小于 65 mm。道岔使用的拉杆有方钢拉杆和扁钢拉杆两种。

①方钢拉杆与T形接头铁配合使用。因其设在尖轨轨腰中部位置，对防止尖轨假密贴效果较好，是目前使用的主要形式。

②扁钢拉杆与扁钢接头铁配合使用。扁钢拉杆伸入基本轨轨底对尖轨有防跳作用。因作用力偏于尖轨下部，易出现尖轨假密贴现象。一般用于牵纵拐肘、握柄道岔表示器、弹簧扳道器、重锤扳道器的道岔上。

(3)连杆

为增强两尖轨的框架刚度,除拉杆外,还应根据尖轨长度设置 1～3 根连杆。相邻连杆(或拉杆)的距离分别为尖轨尖端向后 1 000 mm、1 500 mm、2 000 mm 左右,一般设到尖轨轨头刨切起点前后。当尖轨较长时,还应在刨切起点以后再设 1～2 根连杆。“75”型道岔的连杆均采用扁钢形式,如为不设轨道电路的道岔,可取消中部的绝缘装置。“92”型道岔连杆均采用方钢形式,与拉杆相同,但取消了拉杆中部的 4 个螺栓孔。

扁钢形式拉杆

方钢形式拉杆

4. 尖轨跟端构造

尖轨跟端构造主要有活接头式、弹性可弯式两种形式。

(1)活接头式尖轨跟端结构

活接头式尖轨跟端结构由辙跟间隔铁、辙跟夹板、辙跟内外轨撑、双头螺栓、辙跟垫板及联结螺栓等组成。“75”型 9 号及 12 号普通单开道岔、复式交分道岔、对称道岔和“92”型、提速 9 号道岔尖轨跟端均采用此种结构。

活接头式尖轨跟端结构由于双头螺栓中的粗径一侧顶住间隔铁，另一侧顶住辙跟夹板，使得尖轨在此位置有一定的活动空间而得名。活接头在道岔铺设图中的设计轨缝一般为 6 mm，而普通接头的设计轨缝为 8 mm。

活接头式尖轨跟端结构中有双头螺栓，在安装时首先安装双头螺栓，后上辙跟夹板，然后再按照其他的螺栓的顺序进行尖轨跟端组装。

双头螺栓上要安装开口销，同时，为防止粗径部分磨损后，双头螺栓的扭矩过大将尖轨跟端卡死造成尖轨无法转换或是转换不到位，双头螺栓的扭力不应太大，使弹簧垫圈开口保持在平齐位置即可。

①辙跟间隔铁。

辙跟间隔铁用以保持辙跟轮缘槽宽度，并与辙跟夹板配合，将基本轨、尖轨及导轨联结为一体。单开道岔、对称道岔一般采用五孔间隔铁，复式交分道岔采用四孔间隔铁。间隔铁用可锻铸铁铸造。间隔铁上下耳肩与钢轨接触，其接触面应进行机械加工。间隔铁两侧面不与钢轨轨腰接触，留有 2～3 mm 空隙，以减少加工量。上耳比下耳宽度窄 2 mm，以免耳边外露。间隔铁前部靠尖轨一侧的耳宽一般需要减小，以免与车轮相碰。

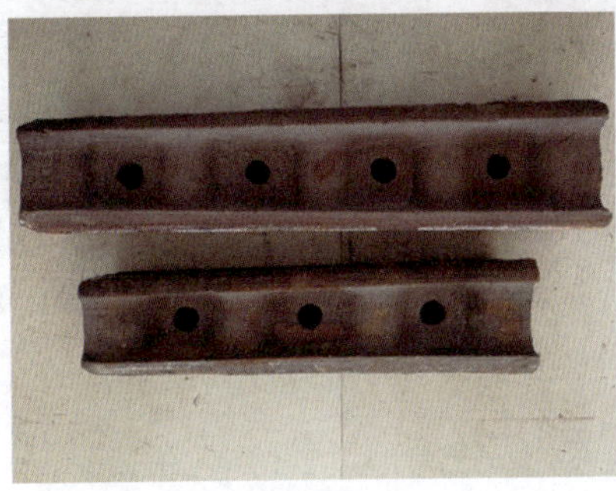

②辙跟夹板。

辙跟夹板与辙跟间隔铁一起将尖轨、基本轨和导轨联结为一个整体，一般采用厚 24 mm 的钢板制造。为使尖轨能在辙跟间隔铁和辙跟夹板之间转动，辙跟夹板需在辙跟轨缝中心处进行弯折，弯折支距根据尖轨在夹板前端的扳动距离计算确定。夹板弯折后，其始端突出尖轨工作边之外，与车轮轮缘相碰，故应对弯折部分的夹板顶部进行刨切，其刨切宽度与弯折支距相同，深度从轨顶向下不小于 50 mm。

③辙跟轨撑。

为提高辙跟的稳定性，防止钢轨爬行和尖轨跳动，在辙跟内、外侧应设轨撑。

辙跟外轨撑前立墙与基本轨轨腰相靠，上顶轨颚，下压轨底，底边顶在辙跟垫板的挡肩上。轨撑起到防止钢轨外翻和轨距扩张的作用。

辙跟内轨撑设在辙跟夹板一侧，立墙底部与尖轨轨底留有空隙，尖轨可自由扳动。立墙设方形螺栓孔，以便卡住辙跟螺栓跟部紧固防松。底板设长圆孔，以方便调整内轨撑与辙跟垫板的联结。

辙跟轨撑

辙跟外轨撑

辙跟内轨撑

④桥式垫板。

为提高辙跟接头的稳定性，一般设桥式垫板，将内、外轨撑联结在垫板上。

桥式垫板由普通钢板制造，主要用来支撑尖轨跟端、导轨及基本轨，并保持尖轨跟端轨距。爬坡式尖轨跟端在桥式垫板内侧焊有 6 mm 平台，AT 型尖轨跟端没有设置 6 mm 平台。在铺设组装或是更换桥式垫板时应注意区分钢轨类型、道岔型号、直曲股。

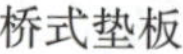

桥式垫板

桥式垫板平台

⑤辙跟联结零件。

a. 双头螺柱粗径部分位于尖轨轨腰螺栓孔内，在间隔铁和夹板之间起撑开作用，以保证尖轨能够自由转动。螺柱两端设开口销以防止螺母脱落。

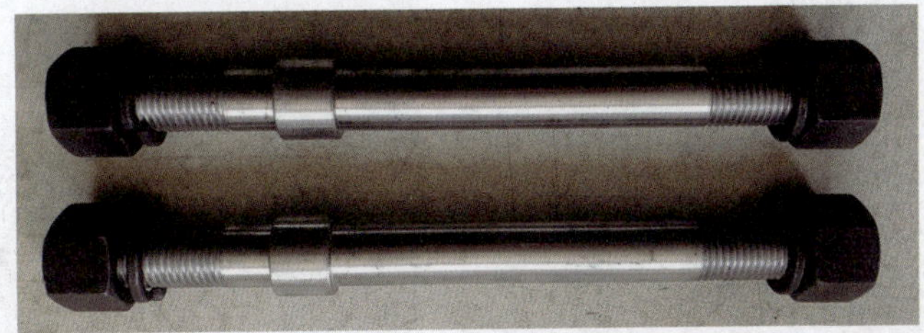

b. 辙跟螺栓系半圆头方颈螺栓，方颈卡在轨撑或钢轨垫圈的方孔内，起防止螺栓转动的作用。

c. T 形螺栓用于轨撑和辙跟垫板的联结。

长方头螺栓

长方沉头螺栓

(2)弹性可弯式跟端结构

当道岔用于跨区间无缝线路时，辙叉后端的温度力要通过辙叉和导曲线钢轨传递到尖轨，再通过尖轨传递给基本轨，为此一般在尖轨跟端设传力结构。

弹性可弯式跟端结构按传力方式可分为间隔铁式、限位器式和不设传力机构三种。

尖轨跟端传力结构形式的选择与最大升(降)温幅度、锁闭结构适应尖轨伸缩的能力及跟端结构强度等因素有关，道岔尖轨跟端应根据不同轨温差，选择间隔铁、限位器作为温度力传递结构，也可以不设传力机构。

尖轨跟端结构形式对基本轨附加温度力和尖轨跟端伸缩位移有较大影响，对心轨受力及伸缩位移影响不大。

①限位器式尖轨跟端结构。

限位器式尖轨跟端结构的优点是可以释放钢轨产生的部分温度力，基本轨所受的温度附加力较小，但尖轨前端的位移较大，且当限位器受力较大时，在尖轨跟端容易形成小方向，影响行车的平稳性。根据道岔号码的不同，可以设置一个或多个限位器。

对有缝道岔，容许尖轨与基本轨有一定的相对位移。当位移至极限位置时，限位器可限制尖轨与基本轨进一步相对位移。

对无缝道岔，容许尖轨与基本轨有一定的相对位移，以部分释放钢轨温度力。当位移至极限位置时，限位器将剩余部分温度力向基本轨传递，并限制尖轨与基本轨进一步相对位移。

限位器由基本轨用 A 型限位块、尖轨用 B 型限位块、轨腰夹板、高强度螺栓、防松螺母和弹簧垫圈组成。

在道岔钢轨锁定时，应保证限位器两侧的间隙均匀。铺设时，如果限位器两侧间隙不均匀，可窜动限位器进行调整。如果钢轨焊接时的轨温不在设计锁定轨温范围内时，限位器两刻的预留间隙要经过计算确定。

道岔在使用过程中,不必调整限位器 A、B 块的位置。日常应对限位器的位置进行观察,作为锁定轨温调整的依据。

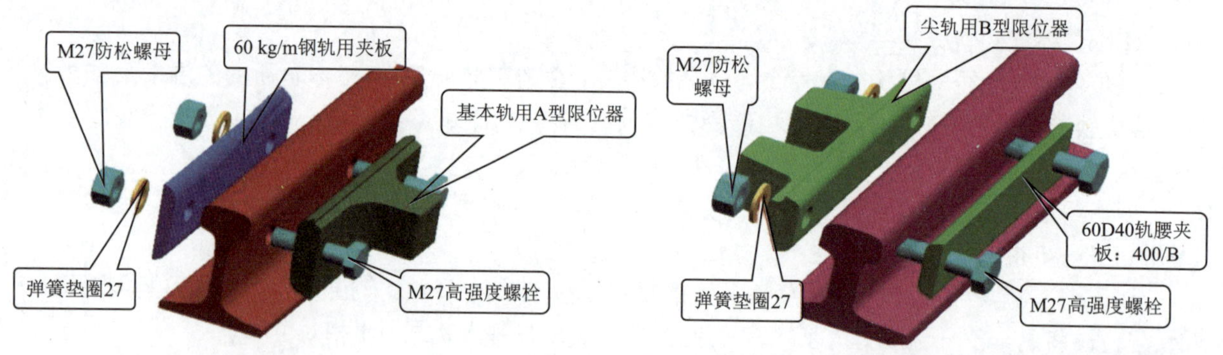

②间隔铁式尖轨跟端结构。

间隔铁式尖轨跟端结构优点是将尖轨与基本轨紧密联结,尖轨前端的位移较小,但基本轨承受的温度附加力较大,间隔铁本身的受力也较大。根据道岔号码的不同,可以设置一个或多个间隔铁。

间隔铁采用铸钢材质，侧面与钢轨轨腰全断面接触，通过高强度螺栓与基本轨、尖轨联结。

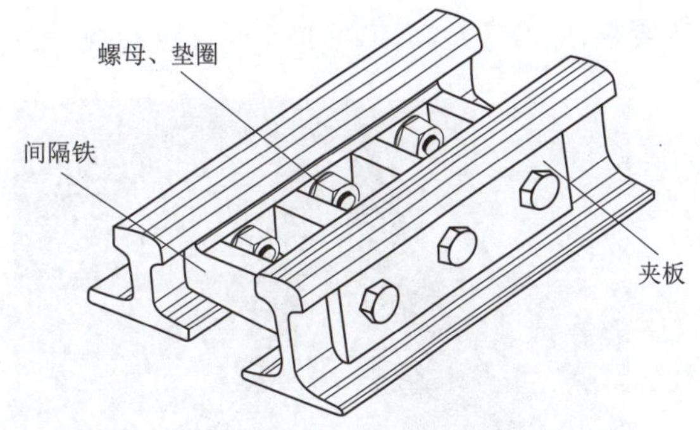

③不设传力结构。

不设任何传力结构的尖轨跟端只用扣件固定，结构较为简单，对保证行车平稳较为有利，但当尖轨的位移较大时容易造成尖轨的转换故障。尖轨跟端不设传力机构时，应保证扣件的螺栓扭矩达到规定要求，道岔应全焊，道岔铺设时保证转换杆件与岔枕间的距离大于 35 mm。

5. 滑床板

滑床板是承垫基本轨(翼轨)并供尖轨(可动心轨)滑动的垫板,是垫板面上焊有滑床台的一种专用垫板,滑床台是为了保证尖轨(可动心轨)能在其上滑动的一种零部件。滑床板的作用是对基本轨(翼轨)内侧进行扣压、控制基本轨(翼轨)横向位移,同时为尖轨(可动心轨)提供横向扳动时的滑动支撑。

(1)“75”型道岔用滑床板

“75”型道岔用滑床板因尖轨抬高 6 mm,设有 6 mm 厚滑床台,与普通钢轨断面尖轨配套使用。尖轨跟端两内股设有 6 mm 的构造水平,并用 3 块辙后垫板进行水平顺坡。滑床台与基本轨轨底边距离 2 mm 左右,以保证基本轨和轨撑的正常安装。轨撑设在铁座上,用两个长方头螺栓与垫板联结。

(2)"92"型道岔用滑床板

"92"型道岔用滑床板分为轨撑滑床板和扣板滑床板。滑床台高 24 mm,将 AT 尖轨垫高使其轨顶与基本轨顶面持平,滑床台凸缘扣压基本轨轨底,与可调轨撑共同保持基本轨的稳定。挡铁一侧设 1∶4 斜度,当联结调整楔的螺栓上紧时,可把轨撑压紧。

(3)提速道岔用滑床板

提速道岔用滑床板设有轨底坡时,轨底坡在铁垫板上形成,滑床板高 32 mm 或 33 mm,内设弹片扣压基本轨;不设轨底坡时,滑床板高 29 mm,用滑床台的凸缘扣压基本轨。基本轨轨下设有 5 mm 厚弹性垫板。

设置轨底坡

不设轨底坡

①销钉定位弹片。

滑床板弹片安装时小面朝上，大斜面朝下，穿入滑床台槽孔中。销钉应涂上黄油锤击打入，平面压弹片、圆柱面朝上，且销钉帽内侧距滑床板边缘不大于 5 mm。注意不同的部位使用的弹片和销钉长度不同。

这种结构的缺点是弹片易断、失效，拆卸较困难。在尖轨的前端，当弹片折断向内窜动时，容易造成振动的尖轨压到弹片上，形成尖轨转换故障，在检查道岔时应注意。

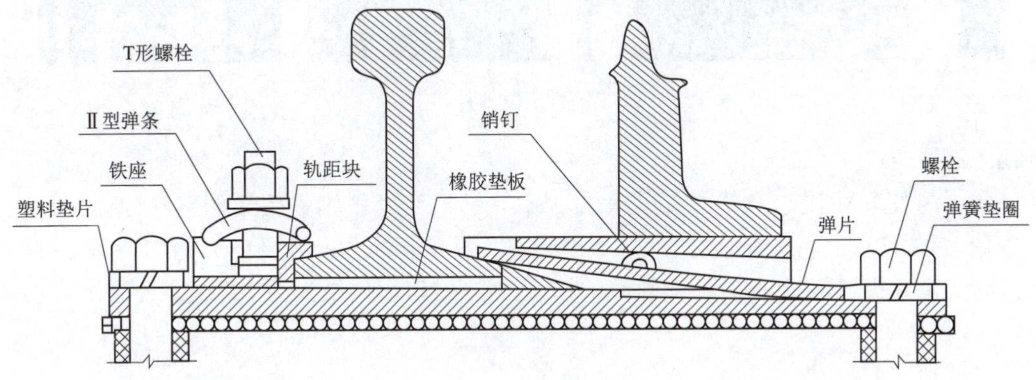

销钉定位弹片

销钉定位弹片

②锁闭装置定位弹片。

滑床台板内设有两个支点，将弹片插入后，从后部打入带有斜销的楔形调整块，此时弹片中部与支点 1 接触，弹片弯曲后，在钢轨底面产生不小于 10 kN 的扣压力。在横向力的作用下，因钢轨外翻导致弹片与支点 2 接触，此时弹片将对轨底的扣压力产生增压作用，此外，支点 2 还可以防止弹片变形失效。

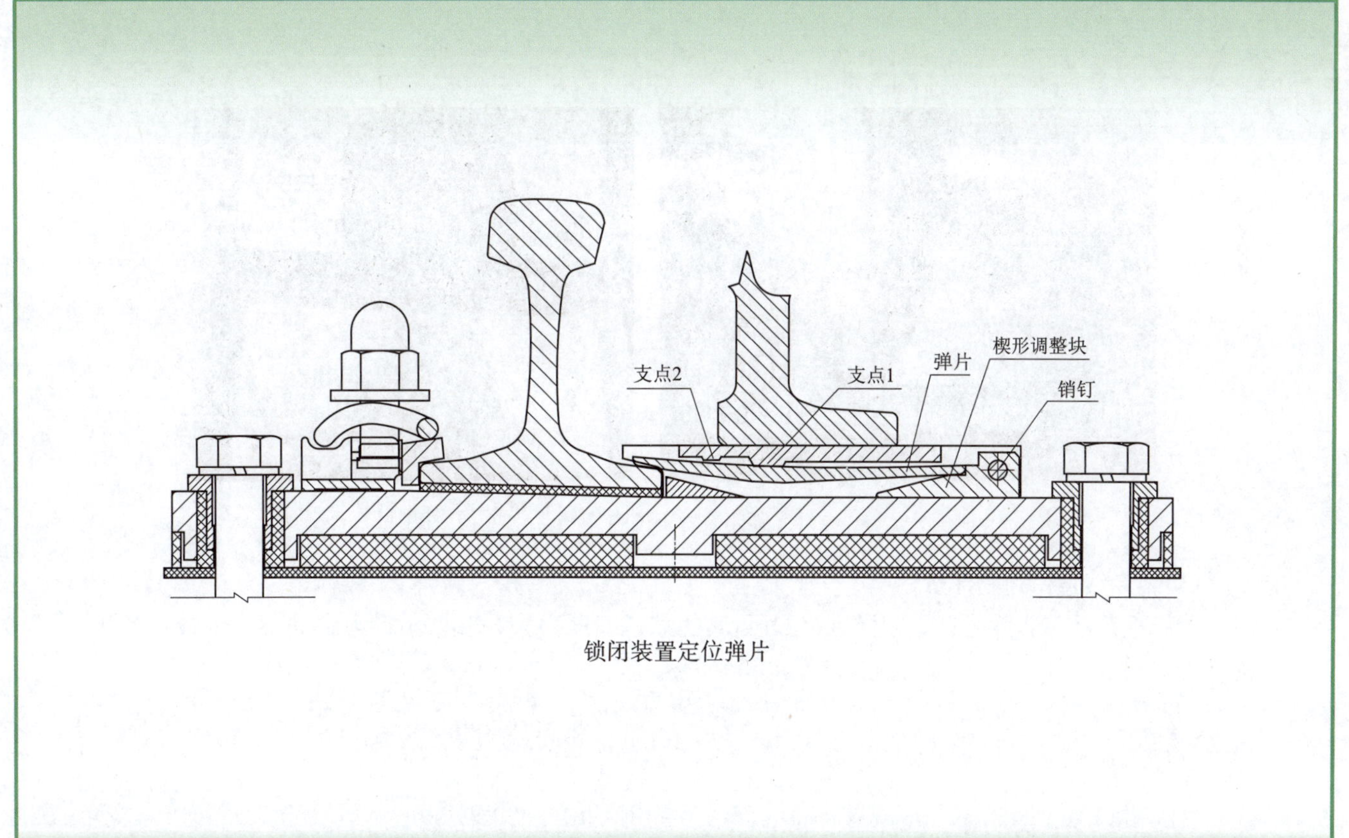

锁闭装置定位弹片

锁闭装置定位弹片

(4)客专线道岔用滑床板

滑床板范围基本股内侧采用弹性夹扣压,其优点是扣压力大,安装、拆卸方便。不同位置的使用的弹性夹长度不同。

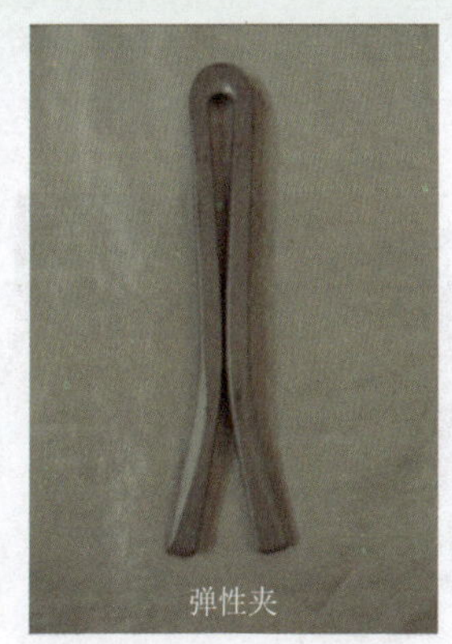

(5)辊轮滑床板

辊轮滑床板在滑床板上设置辊轮,通过辊轮将尖轨转换阻力由滑动摩擦变为滚动摩擦,减少尖轨转换时的摩擦阻力。

辊轮有同心辊轮和偏心辊轮两种不同的结构,滑床板台板面高低的调节应根据其结构进行。偏心轴辊轮通过改变辊轮侧面轮轴的角度来调节辊轮最高点与滑床台板面的高度差;同心轴辊轮通过在辊轮底部增减调整片来调节辊轮最高点与滑床台板面的高度差。

辊轮又分双辊轮和单辊轮两种，在尖轨前端安装双辊轮，后端安装单辊轮，在铺设图中双辊轮系统用“S”表示，单辊轮系统用“D”表示。

（四）尖轨防跳限位装置

尖轨分为工作和非工作状态，由于复杂的运营情况，容易产生垂直跳动。尖轨在密贴状态，依靠尖轨本身与基本轨轨头下颚的配合实现防跳，在尖轨刨切点以后依靠防跳顶铁实现防跳。斥离状态则依靠安装在滑床板的尖轨防跳限位装置实现尖轨的防跳。

防跳限位装置包括防跳轮、铁卡、销轴、平垫圈、开口销、联结螺栓及弹簧垫圈。

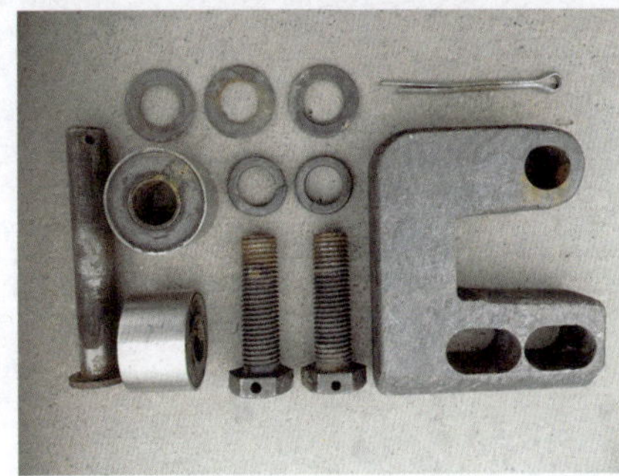

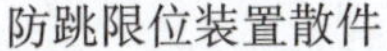
防跳限位装置散件

防跳限位装置组装

安装要求：预先将防跳轮、销轴、平垫圈及开口销装于铁卡上，然后将铁卡安装于滑床台上，调整铁卡位置，使铁卡与斥离尖轨轨底侧面（标准开口）或防跳轮与尖轨轨底顶面的间隙符合相关标准要求，安装螺栓后用开口销将两螺栓串联。

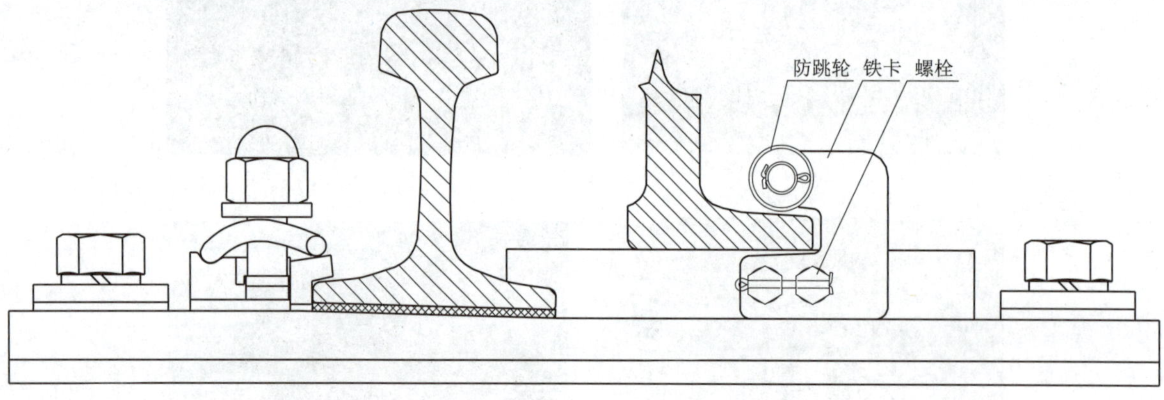

四、连接部分

连接部分是转辙器与辙叉之间、辙叉与辙叉之间、转辙器与转辙器之间的连接线路。单开道岔连接部分包括直线和导曲线两部分，双开道岔、复式交分道岔两侧连接线路均为导曲线连接；连接直线与区间直线在构造上基本一致，而导曲线与区间曲线在平面形式和构造上都有差别。

五、辙叉部分

辙叉是使车轮由一股钢轨通过另一股钢轨的轨线平面交叉设备。按平面型式分，辙叉有直线辙叉和曲线辙叉两类；按构造类型分，有固定辙叉和活动辙叉两类。

固定型辙叉

可动心轨型辙叉

（一）固定型辙叉

固定型辙叉分为拼装式和整铸造式两种。

1. 拼装式辙叉

拼装式辙叉由心轨、翼轨、间隔铁、联结螺栓和垫板组成。叉心一般由长心轨与短心轨组成，或是采用整体叉心，翼轨用普通钢轨经弯折、刨切而成。在翼轨和心轨间，用不同尺寸的间隔铁和螺栓联结成一体。

2. 整铸式辙叉

整铸式辙叉是用含锰10%～14%的高锰钢把心轨和翼轨铸造成整体的辙叉。这种辙叉坚固耐用、稳定性好、强度高、维修工作量少、零件少、安装方便。

(二)可动心轨辙叉

可动心轨辙叉的心轨在翼轨框架范围内转换,以保持两方向轨线连续,消除了固定辙叉存在轨线中断的有害空间,提高了列车运行的平顺性及容许通过速度,可延长辙叉使用寿命。但由于可动心轨辙叉结构较为复杂,其长度一般长于固定辙叉,并且可动心轨的定反位转换需另设转换设备,因此可动心轨辙叉主要用于高速铁路的正线、到发线道岔和时速 160 km 及以上的城际铁路、客货共线铁路的正线道岔,其他线路也有少量应用。

可动心轨辙叉结构的优点是列车作用于可动心轨的横向力能直接传递给翼轨,保证了辙叉的横向稳定性。由于可动心轨的转换与转辙器同步,不会在误认进路时发生脱轨事故,故能保证行车安全。

可动心轨辙叉包括两根翼轨、长心轨、短心轨、转换设备及各种联结零件。

我国铁路自 20 世纪 70 年代初期开始研制可动心轨辙叉,先后在沈阳铁路局文官屯站、绕阳河站和上海铁路局唯亭站试铺 50 kg/m 钢轨 12 号可动心轨辙叉单开道岔,在铁道部科学研究院环行试验线和北京铁路局黄村站试铺 60 kg/m 钢轨 12 号可动心轨辙叉单开道岔;20 世纪 90 年代初在广深准高速铁路及沪宁线正线全线铺设了 60 kg/m 钢轨 12 号可动心轨辙叉单开道岔。长期运营实践和动态测试结果表明,可动心轨辙叉的使用寿命为同型号高锰钢整铸辙叉的 6~9 倍,养护维修工作量减少 40%,极大地减少了机车车辆通过时的冲击力,提高了过岔容许速度和旅客舒适度。

可动心轨辙叉

1. 工电结合部结构

可动心轨辙叉设计的难点在于翼轨与可动心轨间需有转换设备的安装空间，因此需要翼轨、可动心轨和转换设备一体化设计。国内主要采用四种工电接口形式。

(1)通过翼轨轨腰牵引方式

该结构在翼轨轨腰上开长圆孔，转换杆件与长心轨用螺栓联结后，通过翼轨轨腰上的长圆孔引出。通过翼轨轨腰牵引方式的优点是加工制造简单，可动心轨受力位置较高，有利于可动心轨的稳定。缺点是翼轨开孔较大，对翼轨强度有较大削弱；可动心轨伸缩量较大时，转换杆件容易与翼轨相碰；同时列车通过时，转换杆件上下跳动，也容易击打翼轨。

(2)通过高锰钢铸造翼轨轨下牵引方式

为增大转换设备的安装空间,可采用铸造整体式翼轨,转换设备与可动心轨用螺栓联结后,通过接头铁从翼轨底部引出。高锰钢铸造翼轨可有效解决工电接口的矛盾,翼轨的整体性也较好。缺点是铸件体积较大,铸造质量难以保证,翼轨容易伤损,从而影响其使用寿命。用于跨区间无缝线路时,铸造翼轨还要与普通钢轨焊接,需解决高锰钢与普通钢轨的焊接工艺问题。

(3)通过可动心轨转换凸缘牵引方式

提速道岔采用了可动心轨前端锻压转换凸缘的方式连接转换设备。转换杆件也从翼轨下方通过。通过可动心轨转换凸缘牵引方式的优点是可以采用普通钢轨制造翼轨,且不必在轨腰开长圆孔。缺点是可动心轨前端需锻压转换凸缘,可动心轨受力点较低,转换时可动心轨前端容易扭转,造成电务 4 mm 不锁闭检查失效。

(4)轧制特种断面翼轨方式

为解决可动心轨一动工电接口设计的难题,采用专门设计和轧制的 60TY1 钢轨制造翼轨。翼轨采用机加工的方式制造,前端加工成 60 kg/m 钢轨断面与导曲线钢轨联结。

目前我国提速可动心轨辙叉主要采用上述第(3)、(4)两种工电接口方式,高速可动心轨辙叉主要采用上述第(4)种工电接口方式,第(1)、(2)两种工电接口方式的可动心轨道岔已很少使用。

2. 翼轨

翼轨的前端与导曲线钢轨联结,承受列车的运行荷载,引导列车的运行,后端与长、短心轨(或叉跟尖轨)联结,传递心轨后端的温度力。

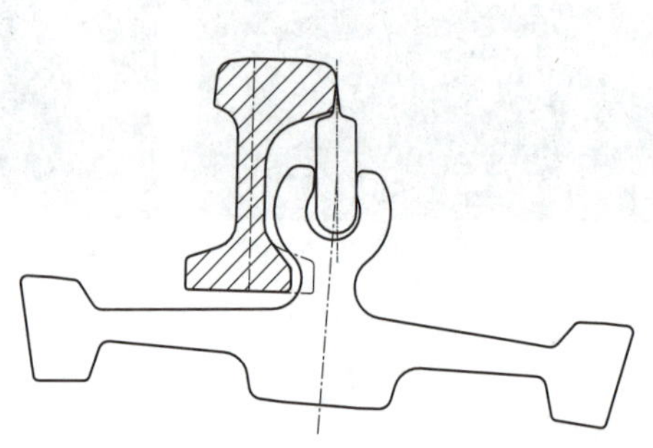

翼轨可以采用普通钢轨机加工、60AT1 钢轨锻压、60TY1 钢轨机加工等方式进行制造。提速道岔初期采用 60 kg/m 钢轨制造翼轨，但轨底刨切量较大，严重削弱了翼轨的强度，之后研制采用 60AT1 钢轨锻压成特种断面的方式制造翼轨。高速道岔研制过程中，开发了厂内轧制的特种断面翼轨，使用效果较好，也用于提速道岔。因此目前在用的可动心轨辙叉翼轨主要以 60AT1 钢轨锻压翼轨和特种断面翼轨为主。

(1)60AT1 钢轨锻压翼轨

翼轨前端至可动心轨第一牵引点后约 800 mm 范围采用 60AT1 钢轨制造，前端锻压成 60 kg/m 钢轨或 75 kg/m 钢轨断面，后端锻压成特种断面，并与普通 60 kg/m、75 kg/m 钢轨焊接，然后再进行弯折和机加工。60AT1 钢轨锻压翼轨虽然满足了转换设备安装空间的要求，翼轨强度也较高，但制造较为复杂，对焊接质量要求也较高，现场有一定数量的焊缝断裂情况发生。

(2)特种断面翼轨

特种断面翼轨是采用特殊设计的钢轨断面，轨腰、轨底呈对称状态，其对称中心线相对于标准轨断面轨头中心线向外侧偏离，轨头相对于轨腰中心线内侧宽度大于外侧，呈不对称状态；由钢厂进行轧制，翼轨前端通过机加工与导曲线钢轨联结。在心轨一动位置要对翼轨的轨头和轨底进行机加工。

轧制特种断面翼轨的优点是翼轨的设计、制造较为简单，翼轨的强度也较高，不用热加工和焊接，翼轨的材质均匀，有利于翼轨的均匀磨耗。由于轧制特种断面翼轨轨头较宽，根据车轮走形关系在翼轨轨头外侧进行了补充刨切，防止由于列车长期运行车轮出现假轮缘后对翼轨轨头的磨损。

特种断面翼轨一般用在高速道岔，高速道岔普遍采用长翼轨方式，翼轨前部承受列车荷载，后部与心轨联结，以传递温度力。

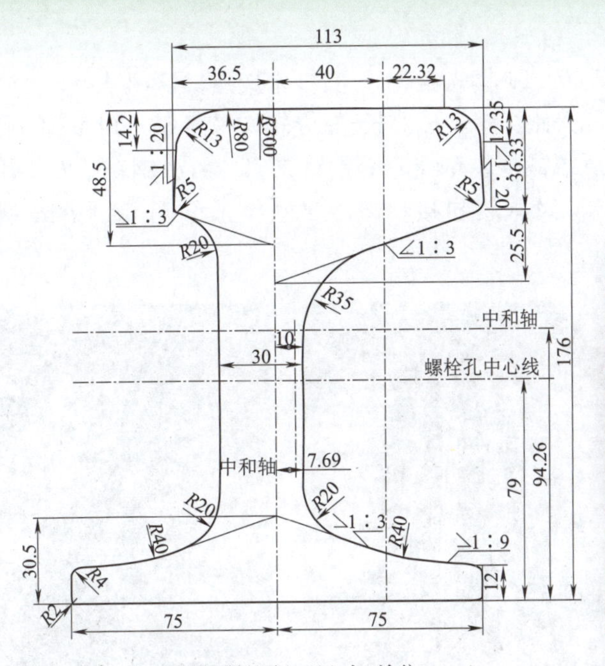

特种断面翼轨断面尺寸(单位:mm)

特种断面翼轨

3. 可动心轨

国内可动心轨辙叉的可动心轨一直采用60AT1钢轨组合式，其技术成熟，具有取材容易、制造简单的特点。可动心轨一般由长心轨、短心轨和叉跟尖轨组成。长、短心轨均采用60AT1钢轨制造，长心轨前端锻压成转换凸缘或只进行机加工，后端锻压成60 kg/m钢轨或75 kg/m钢轨断面。短心轨通过机加工与长心轨拼接，后端进行弯折，与叉跟轨拼接。叉跟尖轨一般采用60 kg/m钢轨或75 kg/m钢轨机加工而成。

4. 间隔铁

可动心轨辙叉的间隔铁主要用于两翼轨间、两心轨间、长心轨与翼轨间、短心轨与翼轨间以及长心轨与叉跟轨间，其作用是保持各部间隔、固定轨件的相对位置，阻止两钢轨间的相对位移。为增加间隔铁的阻力，长心轨与翼轨间、叉跟尖轨与翼轨间的间隔铁通常与钢轨进行胶结。

5. 扣件

可动心轨辙叉一般采用焊接垫板，其厚度与道岔其他垫板的厚度相匹配，宽度一般与道岔其他垫板宽度相同，特殊要求的情况下，可以适当加宽，但最大不超过岔枕顶面宽度。可动心轨下的垫板设有滑床板台板，并扣压翼轨，其他垫板与辙后垫板类似。

扣压件一般采用Ⅱ型弹条扣件，非密贴段翼轨内侧设有顶铁，翼轨外侧设有轨撑。

6. 辙叉号数

辙叉跟端心轨两工作边(工作边是曲线时为其切线)的交角称为辙叉角。辙叉号数根据辙叉角的大小确定,道岔号数以辙叉号数表示。道岔号数越大,导曲线半径越大,侧向容许通过速度越高。我国《铁路道岔号数系列》(TB/T 3171)规定,道岔号数 N 以辙叉角 α 的余切值表示。

道岔号数在现场可用以下方法测定:先在心轨顶面找出 100 mm 和 200 mm 两处顶宽位置,然后量出这两处间的垂直距离(mm),用其除以 100,所得数即为道岔号数。

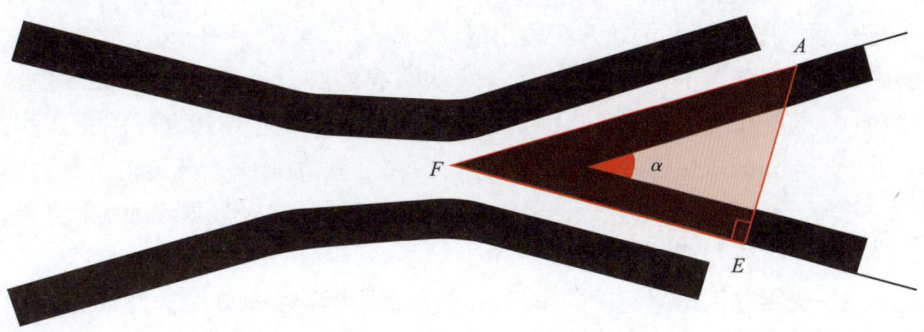

六、护　　轨

护轨是固定型辙叉的重要组成部分，一般设置在辙叉两侧，是控制车轮运行方向、防止其在辙叉有害空间冲击或爬上辙叉心轨尖端、保证行车安全的重要设备。在可动心轨辙叉中，一般仅在侧股设护轨，用以防止可动心轨的侧面磨耗。

(一)护轨组成

护轨由平直段、两侧缓冲段和两端开口段组成。

平直段是护轨实际起作用的部分，其长度一般从咽喉起到心轨宽 40～50 mm 处。根据构造要求，两端还可增加 0～300 mm 的调整量。护轨工作边至辙叉心轨工作边之间的距离称作查照间隔，此距离不得小于 1 391 mm，以保证轮缘不冲击或爬上心轨；护轨工作边至翼轨工作边的距离称为护背距离，此距离不得大于 1 348 mm，以保证最小轮背距时轮对通过。根据我国实际条件，护轨平直段轮缘槽宽度应在 42～44 mm 范围内。

缓冲段起着将车轮平稳引入平直段的作用，它由平直段两端各向轨道内侧弯折的一段构成，其弯折角度的大小应与列车允许的通过速度相匹配，缓冲段末端轮缘槽宽度应为 65～68 mm。

两端的开口段考虑线路上允许的最大轨距(1 456 mm)、最小轮背距等最不利组合时能将车轮导入护轨轮缘槽内,以保证行车安全,其长度一般采用 150 mm,如受结构限制时可采用 100 mm。开口段外端的轮缘槽宽度一般采用 80～90 mm。

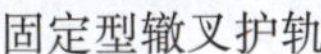
固定型辙叉护轨

可动心轨辙叉护轨

护轨组成

(二)护轨类型及其结构

目前我国道岔的护轨类型主要有钢轨间隔铁型、H型和槽型三种。

1. 钢轨间隔铁型护轨结构

钢轨间隔铁型护轨采用普通钢轨作为护轨,用间隔铁保持各部轮缘槽宽度,在护轨内侧设4个轨撑以保持护轨的位置,采用半圆头方颈螺栓进行联结,是“75”型道岔护轨的主要形式。

间隔铁式护轨为不分开式结构，护轨与基本轨联结牢固，但现场调整不便，护轨垫板规格不统一。目前除“75”型道岔外，已不采用。

2. H 型护轨结构

H 型护轨由普通钢轨加工而成的“H”形护轨、护轨垫板、调整片和联结螺栓组成。护轨与基本轨不直接连接，故又称分开式护轨结构。查照间隔、护背距离和轮缘槽宽度可使用护轨与撑板之间的调整片进行调整，不必调整轨距。

H 型护轨取材容易，方便现场调整，安全性高，缺点是护轨加工量较大。

为提高列车通过时的安全性，护轨顶面比基本轨轨顶高 12 mm。

3. 槽型护轨结构

槽型护轨由槽型钢护轨、护轨垫板、扣板、调整片及联结螺栓等组成，为分开式结构，不但可以调整查照间隔和护背距离，当护轨一侧基本轨采用扣件扣压时，还可调整轨距，也是目前广泛采用的一种护轨形式。为提高列车通过时的安全性，护轨顶面比基本轨轨顶高 12 mm。

槽型护轨用钢量最少，经济性好，加工较为简单。缺点是需要专门轧制槽型轨，护轨垫板的受力也较大。使用中发现护轨垫板在撑板焊接处易发生断裂，需要对护轨垫板进行加强处理。

七、道岔主要尺寸

主要介绍结合部作业相关的轨距、动程、q 值、尖趾距离。

(一)轨距

1. 道岔轨距设置要求

为了缓冲机车车辆通过道岔时对钢轨的挤压、冲撞，在道岔的尖轨尖端、尖轨跟端、导曲线部分，轨距需要适当加宽。道岔各部轨距见相应道岔标准图或设计图。

2. 曲线型尖轨构造轨距加宽

12 号及以下道岔在曲线型尖轨刨切范围内设置构造加宽，主要原因是 12 号及以下道岔曲线半径小，为防止轮对轮缘与尖轨工作边发生侧磨，在整治道岔转辙部病害时，对于曲线型尖轨还要考虑在刨切范围内的构造轨距加宽。如专线 4249 道岔在尖轨刨切范围内直股轨距为 1 435 mm，曲股在距离尖轨尖端 2 340 mm 处存在 4 mm 构造轨距加宽，道岔开通曲股时，该处轨距为 1 435 mm 加上构造轨距加宽量 4 mm 即 1 439 mm，常用道岔曲股轨距加宽见表 1-1～表 1-3。

3. 框架尺寸

(1)转辙部直、曲基本股工作边之间的距离，一般在尖轨刨切范围内测量；主要用来控制两基本股之间的距离，常用道岔框架尺寸见表 1-4～表 1-24。

(2)可动心轨两翼轨工作边之间距离，一般在可动心轨密贴范围内进行测量，主要控制两翼轨之间的距离。

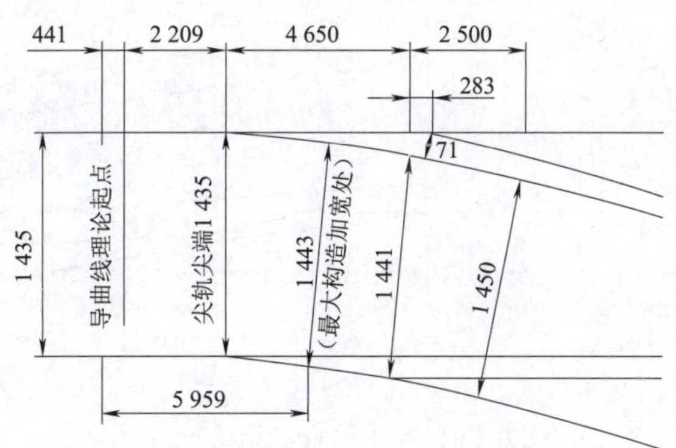

CZ577 转辙部曲股轨距加宽(单位:mm)

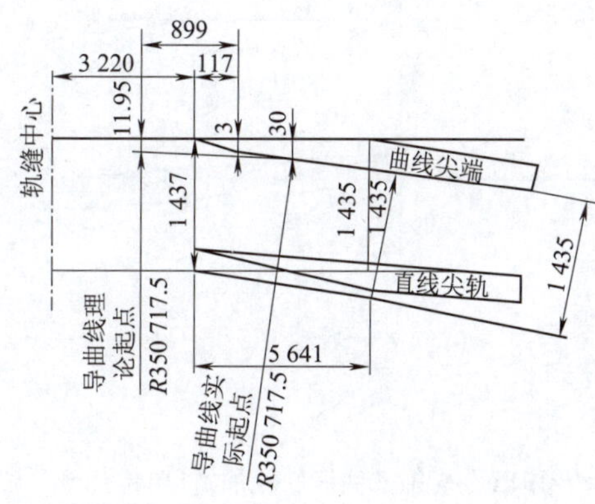

SC330 转辙部曲股轨距加宽(单位:mm)

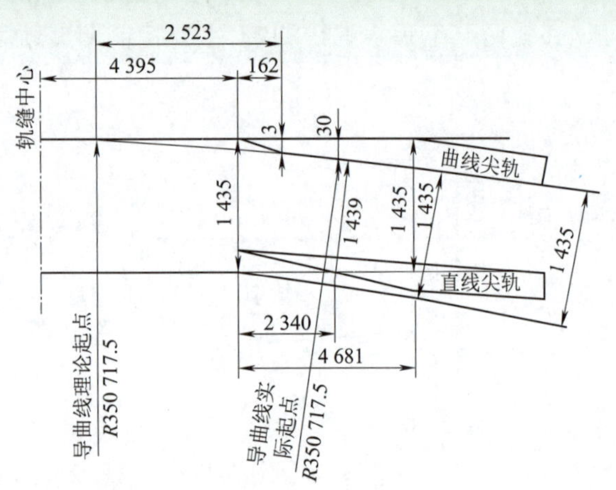

专线 4249 转辙部曲股轨距加宽(单位:mm)

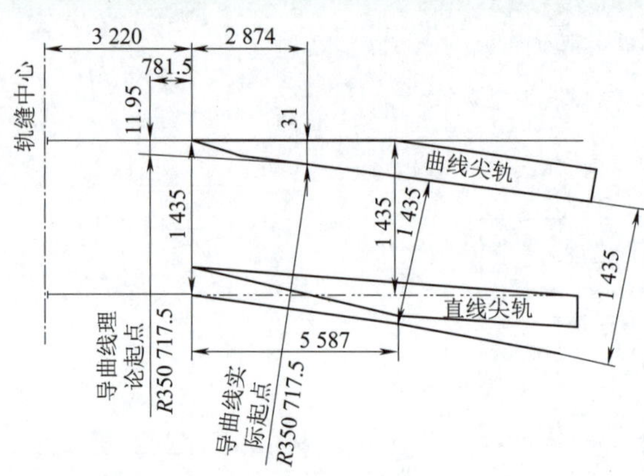

专线 4257 转辙部曲股轨距加宽(单位:mm)

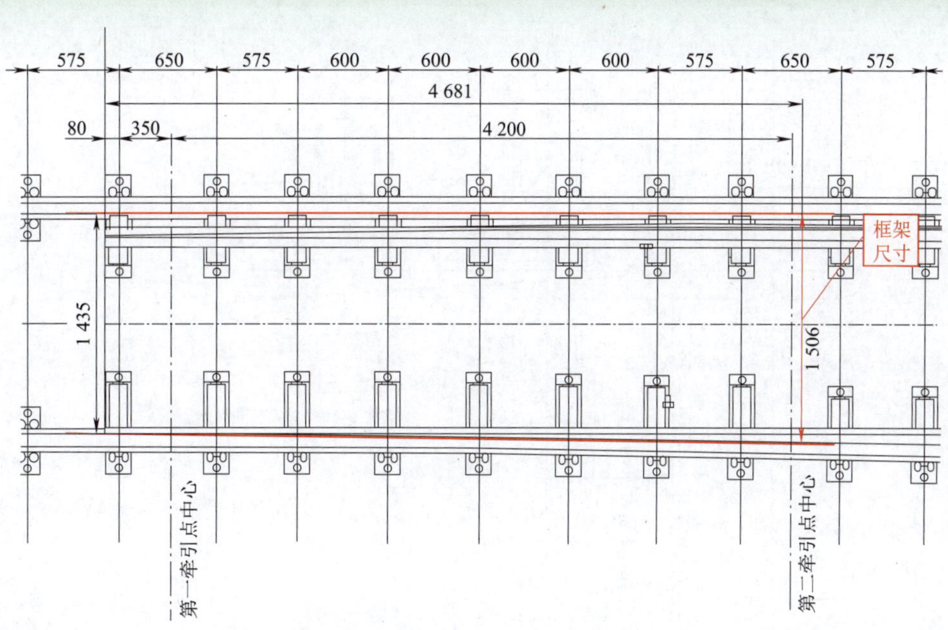

转辙部框架尺寸(单位:mm)

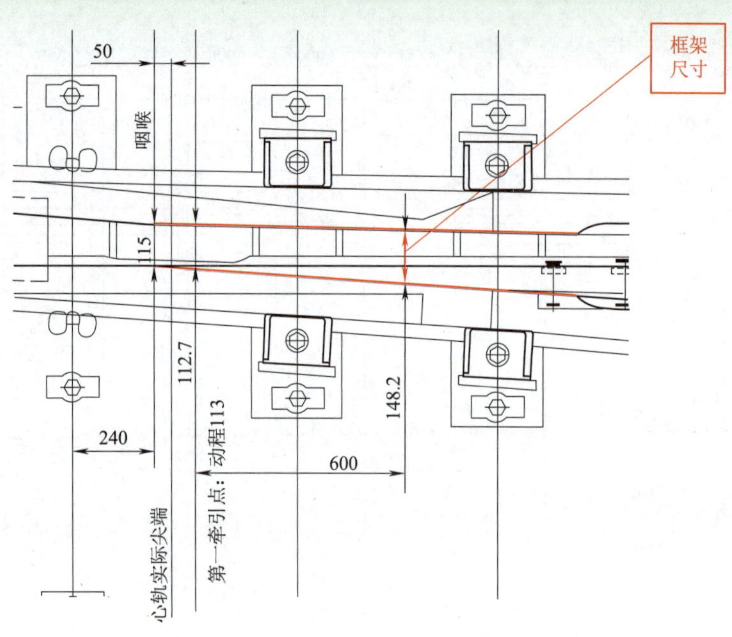

可动心轨框架尺寸（单位：mm）

表 1-1　常用单开道岔轨距加宽表(mm)

<table>
<tr><th rowspan="2">道岔型号</th><th rowspan="2">设计图号</th><th colspan="7">尖轨部分尖轨加宽值</th></tr>
<tr><th>尖轨长度</th><th>尖端加宽</th><th>递减范围</th><th>中部加宽</th><th>递减范围</th><th>跟端加宽</th><th>递减范围</th></tr>
<tr><td>50 kg/m
9 号</td><td>CZ2209</td><td>6 450</td><td>15</td><td>递减至岔首基本轨接头</td><td>9.5</td><td>该处轨距加宽为尖轨尖端与跟端轨距加宽相加以后除以 2</td><td>4</td><td>直股往辙叉方向递减距离为 1.5 m，曲股往辙叉方向与导曲线轨距进行递减</td></tr>
<tr><td>50 kg/m
12 号</td><td>专线 4257</td><td>13 080</td><td>0</td><td></td><td>直:0;
曲:6</td><td>距尖端 2 874 mm(11 号岔枕)在尖轨刨切范围内递减</td><td>0</td><td></td></tr>
<tr><td>60 kg/m
9 号</td><td>CZ577、
SC390、</td><td>12 400</td><td>0</td><td></td><td>直:0;
曲:6</td><td>距尖端 4 650 mm(12 与 13 号岔枕之间)</td><td>直:0;
曲:15</td><td>16 与 17 号岔枕之间</td></tr>
<tr><td rowspan="2">60 kg/m
12 号</td><td>CZ560、
SC330</td><td>12 480</td><td>2</td><td>递减至岔首基本轨接头</td><td>直:0;
曲:6.5</td><td>距尖端 3 508 mm(12 号岔枕)在尖轨刨切范围内递减</td><td>0</td><td></td></tr>
<tr><td>专线 4249、
CZ545</td><td>12 400</td><td>0</td><td></td><td>直:0;
曲:4</td><td>距尖端 2 340 mm(12 号岔枕)在尖轨刨切范围内递减</td><td>0</td><td></td></tr>
</table>

表 1-2　常用对称道岔轨距加宽表(mm)

道岔型号	道岔图号	基本轨接头	前顺坡终点距离基本轨接头	尖轨尖端	尖轨中部	尖轨跟端
50 kg/m 6 号	SC384	1 445	2 000	1 450	1 450	1 450
60 kg/m 6 号	SC382	1 445	2 000	1 450	1 450	1 450

表 1-3　常用复式交分道岔轨距加宽表(mm)

道岔型号	道岔图号	尖轨尖端轨距	递减至顺坡终点距离	尖轨中轨距		至尖轨尖端距离		尖轨跟端轨距		菱形中轴
				直股	曲股	直股	曲股	直股	曲股	
50 kg/m 9 号	CZ2214	1 449	2 670	1 435	1 450	2 313	2 677	1 435	1 450	1 437
50 kg/m 12 号	CZ2220	1 445	2 000	1 435	1 445	3 462	3 204	1 435	1 445	1 436
60 kg/m 9 号	SC450	1 449	2 670	1 435	1 450	2 464	2 386	1 435	1 450	1 437
60 kg/m 12 号	SC350	1 438	887	1 435	1 435	4 022	3 153	1 435	1 435	1 436

表 1-4　专线系列 60 kg/m 钢轨 12 号 4249 有砟单开道岔转辙器框架尺寸(mm)

岔枕编号	框架尺寸	岔枕编号	框架尺寸	岔枕编号	框架尺寸	岔枕编号	框架尺寸	岔枕编号	框架尺寸
8	1 436.2	13	1 482.1	18	1 537.6	23	1 623.2	28	1 734.7
9	1 446.1	14	1 491.2	19	1 552.7	24	1 643.5		
10	1 452.8	15	1 499.9	20	1 568.8	25	1 664.7		
11	1 463.9	16	1 511.1	21	1 585.9	26	1 687.0		
12	1 473.0	17	1 523.6	22	1 604.1	27	1 710.3		

表 1-5　专线系列 50 kg/m 钢轨 12 号 4257 有砟单开道岔转辙器框架尺寸(mm)

岔枕编号	框架尺寸	岔枕编号	框架尺寸	岔枕编号	框架尺寸	岔枕编号	框架尺寸	岔枕编号	框架尺寸
6	1 436.0	11	1 474.2	16	1 516.3	21	1 589.0	26	1 687.5
7	1 444.1	12	1 481.7	17	1 528.8	22	1 606.7	27	1 710.3
8	1 451.7	13	1 489.3	18	1 542.3	23	1 625.3		
9	1 459.2	14	1 496.8	19	1 556.9	24	1 645.0		
10	1 466.7	15	1 504.9	20	1 572.4	25	1 665.8		

表 1-6　专线系列 60 kg/m 钢轨 12 号 4311 无砟单开道岔转辙器框架尺寸(mm)

岔枕编号	框架尺寸	岔枕编号	框架尺寸	岔枕编号	框架尺寸	岔枕编号	框架尺寸	岔枕编号	框架尺寸
5	1 436.4	10	1 472.2	15	1 507.9	20	1 576.8	25	1 671.5
6	1 444.1	11	1 479.3	16	1 519.6	21	1 593.7	26	1 693.6
7	1 450.9	12	1 486.3	17	1 532.3	22	1 611.6	27	1 716.6
8	1 458.0	13	1 493.1	18	1 546.1	23	1 630.5	28	1 740.7
9	1 465.1	14	1 500.8	19	1 560.9	24	1 650.5		

表 1-7　专线系列 50 kg/m 钢轨 18 号(01)4275 有砟单开道岔转辙器框架尺寸(mm)

岔枕编号	框架尺寸	岔枕编号	框架尺寸	岔枕编号	框架尺寸	岔枕编号	框架尺寸	岔枕编号	框架尺寸
6	1 435.6	14	1 466.3	22	1 503.1	30	1 559.8	38	1 637.3
7	1 439.7	15	1 470.0	23	1 508.8	31	1 568.3	39	1 648.4
8	1 443.3	16	1 473.6	24	1 515.1	32	1 577.2	40	1 659.9
9	1 447.1	17	1 477.7	25	1 521.8	33	1 586.4	41	1 671.7
10	1 450.9	18	1 482.1	26	1 528.7	34	1 595.9		
11	1 454.7	19	1 486.8	27	1 536.0	35	1 605.8		
12	1 458.5	20	1 491.8	28	1 543.6	36	1 616.0		
13	1 462.3	21	1 496.9	29	1 551.5	37	1 626.5		

表 1-8　SC 系列 60 kg/m 钢轨 12 号(07)330 有砟单开道岔转辙器框架尺寸(mm)

岔枕编号	框架尺寸	岔枕编号	框架尺寸	岔枕编号	框架尺寸	岔枕编号	框架尺寸	岔枕编号	框架尺寸
6	1 438.0	11	1 475.4	16	1 516.5	21	1 589.2	26	1 687.8
7	1 445.9	12	1 482.7	17	1 529.0	22	1 606.9		
8	1 453.3	13	1 490.1	18	1 542.5	23	1 625.6		
9	1 460.6	14	1 497.4	19	1 557.0	24	1 645.3		
10	1 467.9	15	1 505.3	20	1 572.6	25	1 666.0		

表 1-9　SC 系列 6 号 382、384 有砟对称道岔转辙器框架尺寸(mm)

岔枕编号	框架尺寸	岔枕编号	框架尺寸	岔枕编号	框架尺寸	岔枕编号	框架尺寸
3	1 453.1	5	1 501.5	7	1 549.1	9	1 610.3
4	1 478.2	6	1 524.5	8	1 577.7	10	1 647.0

表 1-10　CZ 系列 50 kg/m 钢轨 9 号 2209 有砟单开道岔转辙器框架尺寸(mm)

岔枕编号	框架尺寸	岔枕编号	框架尺寸	岔枕编号	框架尺寸	岔枕编号	框架尺寸	岔枕编号	框架尺寸
1	1 435.0	6	1 466.0	11	1 533.0	16	1 600.0	21	1 714.0
2	1 438.0	7	1 479.0	12	1 547.0	17	1 618.0	22	1 740.0
3	1 441.0	8	1 493.0	13	1 560.0	18	1 639.0	23	1 769.0
4	1 445.0	9	1 506.0	14	1 573.0	19	1 663.0	24	1 799.0
5	1 451.0	10	1 519.0	15	1 586.0	20	1 688.0		

表 1-11　CZ 系列 60kg/m 钢轨 9 号 577(SC390)有砟单开道岔转辙器框架尺寸(mm)

岔枕编号	框架尺寸	岔枕编号	框架尺寸	岔枕编号	框架尺寸	岔枕编号	框架尺寸	岔枕编号	框架尺寸
1	1 435.0	6	1 445.8	11	1 491.8	16	1 565.5	21	1 682.4
2	1 435.0	7	1 455.0	12	1 500.7	17	1 586.3	22	1 711.2
3	1 435.0	8	1 464.2	13	1 513.3	18	1 607.4	23	1 741.9
4	1 435.0	9	1 473.4	14	1 528.4	19	1 630.5	24	1 774.5
5	1 435.8	10	1 482.6	15	1 546.0	20	1 655.5	25	1 809.0

表 1-12　GLC 系列 60 kg/m 钢轨 12 号有砟单开道岔转辙器框架尺寸(mm)

岔枕编号	框架尺寸	岔枕编号	框架尺寸	岔枕编号	框架尺寸	岔枕编号	框架尺寸	岔枕编号	框架尺寸
4	1 436.5	9	1 471.9	14	1 507.6	19	1 570.0	24	1 658.2
5	1 444.0	10	1 479.0	15	1 518.0	20	1 585.6	25	1 679.0
6	1 450.8	11	1 486.0	16	1 529.5	21	1 602.2	26	1 700.7
7	1 457.9	12	1 492.7	17	1 542.0	22	1 619.9	27	1 724.0
8	1 464.9	13	1 500.0	18	1 555.5	23	1 638.5		

表 1-13　GLC 系列 60 kg/m 钢轨 18 号单开道岔转辙器框架尺寸(mm)

岔枕编号	框架尺寸	岔枕编号	框架尺寸	岔枕编号	框架尺寸	岔枕编号	框架尺寸	岔枕编号	框架尺寸
4	1 435.6	12	1 460.5	20	1 495.1	28	1 550.5	36	1 626.9
5	1 439.0	13	1 464.0	21	1 500.7	29	1 558.9	37	1 637.9
6	1 442.0	14	1 467.3	22	1 507.3	30	1 567.7	38	1 649.3
7	1 445.1	15	1 471.2	23	1 513.5	31	1 576.7	39	1 660.9
8	1 448.2	16	1 475.3	24	1 520.2	32	1 586.1		
9	1 451.3	17	1 479.8	25	1 527.3	33	1 595.8		
10	1 454.4	18	1 484.6	26	1 534.7	34	1 605.8		
11	1 457.6	19	1 489.7	27	1 542.5	35	1 616.2		

表 1-14 客专线系列 60 kg/m 钢轨 12 号单开道岔转辙器框架尺寸(mm)

岔枕编号	框架尺寸	岔枕编号	框架尺寸	岔枕编号	框架尺寸	岔枕编号	框架尺寸	岔枕编号	框架尺寸
5	1 436.4	10	1 472.2	15	1 507.9	20	1 576.8	25	1 671.5
6	1 444.1	11	1 479.3	16	1 519.6	21	1 593.7	26	1 693.6
7	1 450.9	12	1 486.3	17	1 532.3	22	1 611.6	27	1 716.6
8	1 458.0	13	1 493.1	18	1 546.1	23	1 630.5		
9	1 465.1	14	1 500.8	19	1 560.9	24	1 650.5		

表 1-15 客专线系列 60 kg/m 钢轨 18 号单开道岔转辙器框架尺寸(mm)

岔枕编号	框架尺寸	岔枕编号	框架尺寸	岔枕编号	框架尺寸	岔枕编号	框架尺寸	岔枕编号	框架尺寸
4	1 435.6	12	1 460.5	20	1 495.1	28	1 550.5	36	1 626.9
5	1 439.0	13	1 464.0	21	1 500.7	29	1 558.9	37	1 637.9
6	1 442.0	14	1 467.3	22	1 507.3	30	1 567.7	38	1 649.3
7	1 445.1	15	1 471.2	23	1 513.5	31	1 576.7	39	1 660.9
8	1 448.2	16	1 475.3	24	1 520.2	32	1 586.1		
9	1 451.3	17	1 479.8	25	1 527.3	33	1 595.8		
10	1 454.4	18	1 484.6	26	1 534.7	34	1 605.8		
11	1 457.6	19	1 489.7	27	1 542.5	35	1 616.2		

表 1-16 客专线系列 60 kg/m 钢轨 42 号单开道岔转辙器框架尺寸(mm)

岔枕编号	框架尺寸	岔枕编号	框架尺寸	岔枕编号	框架尺寸	岔枕编号	框架尺寸	岔枕编号	框架尺寸	岔枕编号	框架尺寸
4	1 435.1	17	1 447.1	30	1 470.4	43	1 505.8	56	1 553.2	69	1 613.1
5	1 435.9	18	1 448.5	31	1 472.6	44	1 508.9	57	1 557.7	70	1 618.2
6	1 436.6	19	1 449.9	32	1 475.0	45	1 512.4	58	1 561.8	71	1 623.4
7	1 437.4	20	1 451.4	33	1 477.4	46	1 515.7	59	1 566.1	72	1 628.6
8	1 438.1	21	1 453.0	34	1 479.9	47	1 519.1	60	1 570.5	73	1 634.0
9	1 438.8	22	1 454.6	35	1 482.6	48	1 522.6	61	1 574.9	74	1 639.4
10	1 439.6	23	1 456.3	36	1 485.2	49	1 526.2	62	1 579.4	75	1 644.8
11	1 440.5	24	1 458.0	37	1 487.9	50	1 529.9	63	1 584.0	76	1 650.3
12	1 441.4	25	1 460.1	38	1 490.7	51	1 533.6	64	1 588.7	77	1 656.0
13	1 442.4	26	1 461.9	39	1 493.6	52	1 537.4	65	1 593.4		
14	1 443.4	27	1 463.9	40	1 496.5	53	1 541.3	66	1 598.3		
15	1 444.7	28	1 466.0	41	1 499.5	54	1 545.3	67	1 603.1		
16	1 445.8	29	1 468.1	42	1 502.6	55	1 549.3	68	1 608.1		

表 1-17　CN 系列 60 kg/m 钢轨 18 号单开道岔转辙器框架尺寸(mm)

与直基本轨始端距离	框架尺寸	与直基本轨始端距离	框架尺寸	与直基本轨始端距离	框架尺寸	与直基本轨始端距离	框架尺寸	与直基本轨始端距离	框架尺寸
0	1 435.0	6 000	1 470.2	12 000	1 508.8	18 000	1 572.3	24 000	1 671.3
1 000	1 435.0	7 000	1 480.0	13 000	1 517.1	19 000	1 586.1	24 596	1 683.8
2 000	1 437.2	8 000	1 484.6	14 000	1 526.3	20 000	1 600.7		
3 000	1 444.1	9 000	1 489.3	15 000	1 536.4	21 000	1 616.3		
4 000	1 451.9	10 000	1 494.9	16 000	1 547.5	22 000	1 632.8		
5 000	1 460.6	11 000	1 501.4	17 000	1 559.4	23 000	1 651.0		

表 1-18　CN 系列 60 kg/m 钢轨 42 号单开道岔转辙器框架尺寸(mm)

与直基本轨始端距离	框架尺寸	与直基本轨始端距离	框架尺寸	与直基本轨始端距离	框架尺寸	与直基本轨始端距离	框架尺寸	与直基本轨始端距离	框架尺寸
0	1 435.0	12 000	1 466.6	24 000	1 494.0	36 000	1 537.7	48 000	1 619.1
2 000	1 436.5	14 000	1 474.3	26 000	1 499.2	38 000	1 548.1	50 000	1 637.5
4 000	1 441.4	16 000	1 480.3	28 000	1 505.2	40 000	1 559.5	51 589	1 652.9
6 000	1 447.0	18 000	1 482.9	30 000	1 512.0	42 000	1 571.8		
8 000	1 453.0	20 000	1 485.9	32 000	1 519.6	44 000	1 585.3		
10 000	1 459.5	22 000	1 489.6	34 000	1 528.2	46 000	1 601.6		

表 1-19　CZ 系列 60 kg/m 钢轨 18 号单开道岔转辙器框架尺寸(mm)

岔枕编号	框架尺寸	岔枕编号	框架尺寸	岔枕编号	框架尺寸	岔枕编号	框架尺寸	岔枕编号	框架尺寸
4	1 436.0	12	1 461.1	20	1 495.9	28	1 551.7	36	1 628.4
5	1 439.3	13	1 464.3	21	1 501.8	29	1 560.2	37	1 639.5
6	1 442.4	14	1 467.9	22	1 507.9	30	1 568.9	38	1 650.9
7	1 445.6	15	1 471.7	23	1 514.4	31	1 578.0	39	1 662.6
8	1 448.7	16	1 475.9	24	1 521.2	32	1 587.5	40	1 674.7
9	1 451.8	17	1 480.4	25	1 528.3	33	1 597.2		
10	1 454.9	18	1 485.3	26	1 535.8	34	1 607.3		
11	1 458.0	19	1 490.4	27	1 543.6	35	1 617.7		

表 1-20 CZ 系列 60 kg/m 钢轨 41 号单开道岔转辙器框架尺寸(mm)

岔枕编号	框架尺寸	岔枕编号	框架尺寸	岔枕编号	框架尺寸	岔枕编号	框架尺寸	岔枕编号	框架尺寸	岔枕编号	框架尺寸
4	1 436.7	16	1 448.7	28	1 472.2	40	1 507.3	52	1 533.8	64	1 611.9
5	1 437.3	17	1 450.2	29	1 474.7	41	1 510.7	53	1 558.2	65	1 617.3
6	1 437.9	18	1 451.8	30	1 477.3	42	1 514.2	54	1 562.7	66	1 622.7
7	1 438.6	19	1 453.5	31	1 479.9	43	1 517.8	55	1 567.3	67	1 628.2
8	1 439.4	20	1 455.3	32	1 482.6	44	1 521.5	56	1 571.9	68	1 633.8
9	1 440.3	21	1 457.1	33	1 485.4	45	1 525.3	57	1 576.6	69	1 639.5
10	1 441.3	22	1 459.0	34	1 488.3	46	1 529.1	58	1 581.4	70	1 645.3
11	1 442.3	23	1 461.0	35	1 491.3	47	1 533.0	59	1 586.3	71	1 651.1
12	1 443.4	24	1 463.1	36	1 494.3	48	1 537.0	60	1 591.3	72	1 657.0
13	1 444.6	25	1 465.3	37	1 497.4	49	1 541.1	61	1 596.3	73	1 663.0
14	1 445.9	26	1 467.5	38	1 500.6	50	1 545.3	62	1 601.4	74	1 669.1
15	1 447.3	27	1 469.8	39	1 503.9	51	1 549.5	63	1 606.6	75	1 675.3

表 1-21 50 kg/m 钢轨 9 号 CZ2214 复式交分道岔转辙器框架尺寸(mm)

岔枕编号	框架尺寸	岔枕编号	框架尺寸	岔枕编号	框架尺寸	岔枕编号	框架尺寸	岔枕编号	框架尺寸
1	2 139.8	5	2 173.9	9	2 260.3	13	2 397.6	17	2 568.2
2	2 143.5	6	2 190.5	10	2 290.2	14	2 437.5		
3	2 150.3	7	2 210.5	11	2 323.3	15	2 474.9		
4	2 160.4	8	2 233.8	12	2 359.7	16	2 515.4		

表 1-22 60 kg/m 钢轨 9 号 CZ2504 复式交分道岔转辙器框架尺寸(mm)

岔枕编号	框架尺寸	岔枕编号	框架尺寸	岔枕编号	框架尺寸	岔枕编号	框架尺寸	岔枕编号	框架尺寸
1	2 139.7	5	2 173.8	9	2 260.3	13	2 400.1	17	2 567.8
2	2 143.3	6	2 190.5	10	2 292.3	14	2 437.5		
3	2 150.3	7	2 210.5	11	2 325.7	15	2 474.9		
4	2 160.4	8	2 233.8	12	2 362.3	16	2 525.4		

表 1-23　50 kg/m 钢轨 12 号 CZ2220 复式交分道岔转辙器框架尺寸(mm)

岔枕编号	框架尺寸	岔枕编号	框架尺寸	岔枕编号	框架尺寸	岔枕编号	框架尺寸	岔枕编号	框架尺寸
1	2 112.3	6	2 141.7	11	2 218.4	16	2 342.7	21	2 490.6
2	2 114.5	7	2 153.3	12	2 239.5	17	2 371.8	22	2 531.5
3	2 118.4	8	2 166.7	13	2 262.4	18	2 400.9	23	2 575.7
4	2 124.3	9	2 182.0	14	2 287.3	19	2 430.0		
5	2 132.0	10	2 199.3	15	2 134.0	20	2 459.0		

表 1-24　60 kg/m 钢轨 12 号 SC350 复式交分道岔转辙器框架尺寸(mm)

岔枕编号	框架尺寸	岔枕编号	框架尺寸	岔枕编号	框架尺寸	岔枕编号	框架尺寸	岔枕编号	框架尺寸
1	2 092.3	6	2 121.2	11	2 197.4	16	2 323.0	21	2 471.9
2	2 094.4	7	2 132.6	12	2 218.4	17	2 352.3	22	2 516.4
3	2 098.2	8	2 146.0	13	2 241.2	18	2 381.6		
4	2 104.0	9	2 161.2	14	2 266.0	19	2 410.9		
5	2 111.6	10	2 178.4	15	2 293.7	20	2 440.2		

(二)动程

活接头式尖轨一般采用单个牵引点,弹性可弯式尖轨一般采用多个牵引点。尖轨动程是指尖轨在道岔拉杆中心位置上的移动距离,它应保证具有最不利条件的轮对(轮背距最小、车轮轮缘最薄、轮缘紧贴另一侧基本轨运行)顺利通过,而不挤压或碰撞尖轨。

弹性可弯尖轨动程还要考虑反弹力的影响,在第一牵引点动程确定后,其他各牵引点动程以尖轨弹性可弯中心为原点,通过线性插值计算。不同长度、平面线形和跟端结构的尖轨,不同加宽值的轨距,所需要的动程值也不一样。通常直线尖轨需要的动程较小,曲线尖轨需要的动程较大。

可动心轨动程是指可动心轨在道岔拉杆中心位置上的移动距离。

尖轨、可动心轨设计动程请查阅相关型号道岔标准图或设计图。

575
650
575
600
600
600
600
575
650
575
4 681
80
350
4 200
动程
动程
1 435
1 506
第一牵引点中心
第二牵引点中心

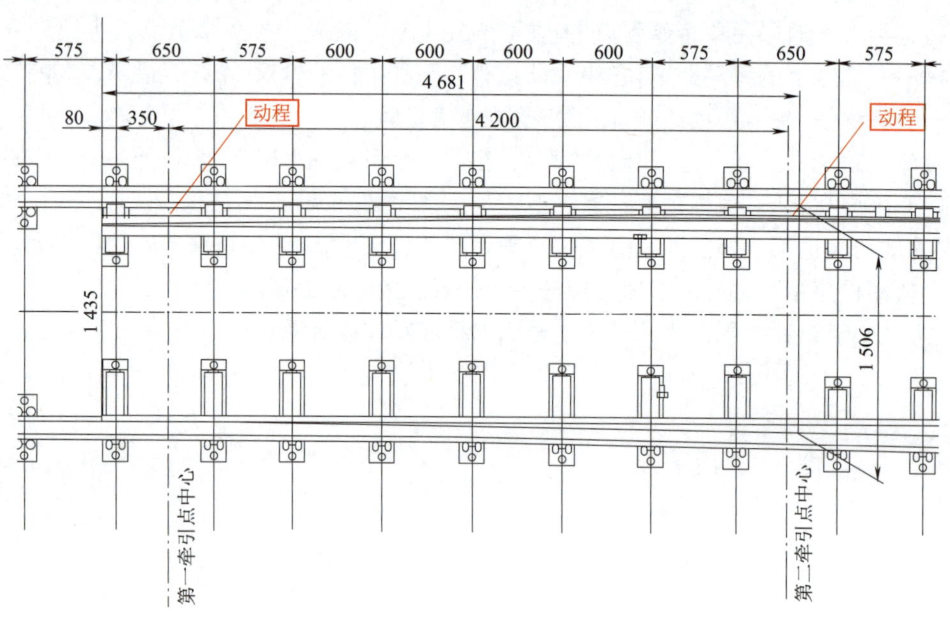

尖轨动程位置(单位:mm)

(三)q 值(尖轨尖端前基本轨长度)

q 值为尖轨尖端前的基本轨在道岔基线上的投影长度。q 值主要用来控制尖轨尖端的位置,监测尖轨尖端是否发生爬行,q 值尺寸请查阅相关道岔标准图或设计图。

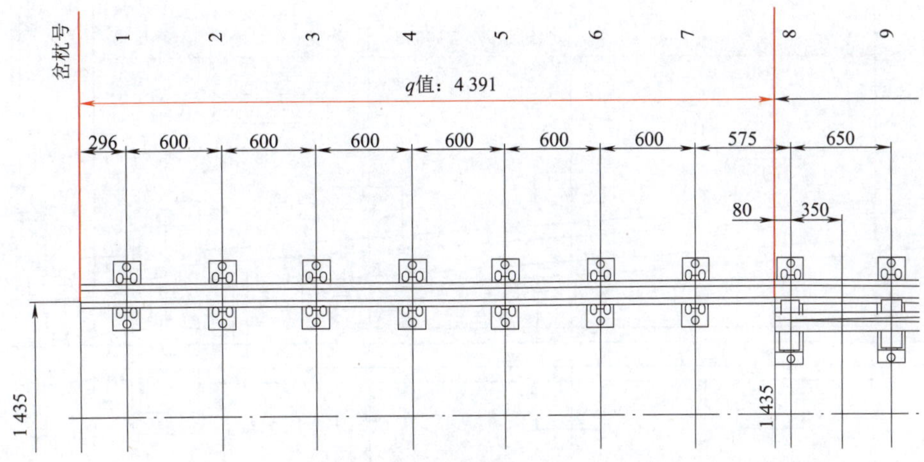

尖轨尖端前基本轨长度(单位:mm)

(四)尖趾距离

尖趾距离是指可动心轨尖端与翼轨轨端之间的距离,主要用来监测可动心轨是否发生爬行,尖趾距离请查阅相关道岔标准图或设计图。

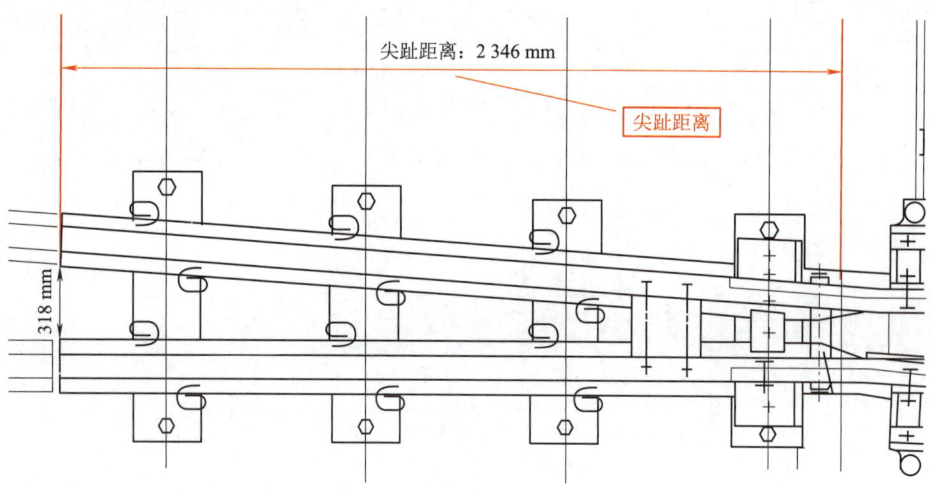

第二节　道岔转换设备

道岔转换设备是重要的行车设备之一，是保障行车安全、提高运输效率的关键设施和实现信号联锁关系的基础设备。道岔转换设备的作用是转换、锁闭道岔，以及对道岔所处位置及状态进行监督。概括地讲，道岔转换设备的三大基本功能就是转换、锁闭、监督。高安全、高可靠是对转换系统的基本要求。

道岔转换设备是转辙机（电动、电液、电空转辙机）及转换锁闭器、密贴检查器、外锁闭装置、安装装置的统称。转换设备应保证正常转换可靠锁闭道岔尖轨（可动心轨）和正确表示尖轨（可动心轨）位置。转换设备与道岔密不可分，两者既相互影响，也相互制约。

转换设备一般由转辙机、锁闭装置、安装装置和密贴检查器组成。根据道岔容许通过速度的不同，确定是否设外锁闭装置和密贴检查器。

一、转 辙 机

转辙机是转换设备的核心和主体，与外锁闭装置(内锁闭方式没有)和各类杆件、安装装置一起共同完成道岔的转换、锁闭和表示。

转辙机的主要作用：

(1)转换道岔尖轨或可动心轨，改变道岔开通方向。

(2)道岔尖轨(可动心轨)转换至所需位置且密贴后，实现锁闭，防止外力移动道岔尖轨(可动心轨)。

(3)正确反映尖轨(可动心轨)的实际位置，道岔尖轨(可动心轨)密贴基本轨(翼轨)后，给出相应的表示。

(4)道岔被挤或因故处于“四开”位置时，及时发出报警及断开道岔表示。

道岔转换设备组成

(一)ZD6 系列电动转辙机

ZD6 系列电动转辙机是目前用量最大的转辙机之一，用于铁路电气集中、调度集中的站场，或用于电力控制道岔状态的场所，是用来改变道岔开通方向、锁闭道岔尖轨、反映尖轨位置状态的设备，是实现铁路运输现代化和自动化的重要基础设备。ZD6 系列电动转辙机包括可挤型、不可挤型和适应双机牵引方式的不同产品，极大地满足了铁路各种道岔的不同需要。

ZD6 系列电动转辙机根据道岔使用状态的要求，各型号的配置略有不同，主要由电动机、减速器、摩擦联结器、自动开闭器、主轴、动作杆、表示杆、移位接触器、底壳及机盖等组成。

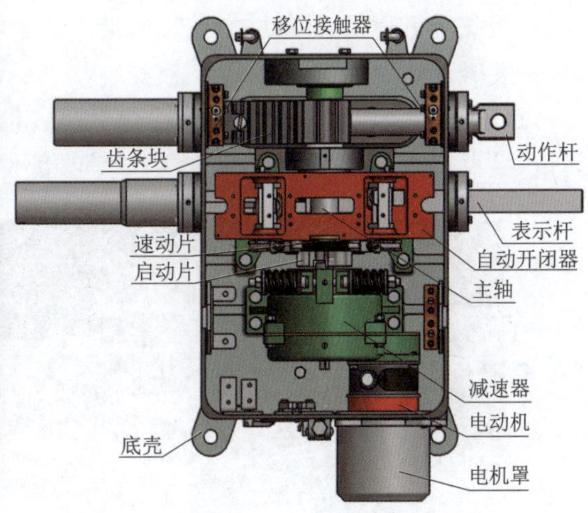

(二)ZD(J)9 系列电动转辙机

ZD(J)9 系列电动转辙机是一种能适应交、直流电源的新型转辙机。它有着安全可靠的机内锁闭功能,因此既可适用于联动内锁道岔,又可适用于分动外锁道岔,既适用于单点牵引,又适用于多点牵引,安装时既能角钢安装,又能托板安装。

ZD(J)9 系列电动转辙机主要由电动机、减速器、摩擦联结器、滚珠丝杠、推板套、动作板、锁块、锁闭铁、接点座组、动作杆、锁闭(表示)杆等零部件组成,结构采用模块化设计,便于维护和维修。

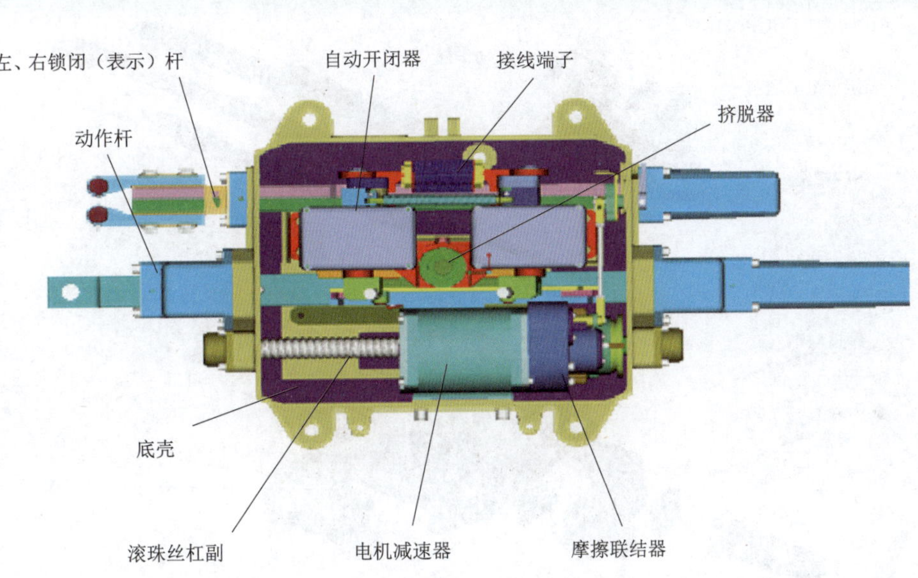

ZD(J)9 系列电动转辙机内部组成

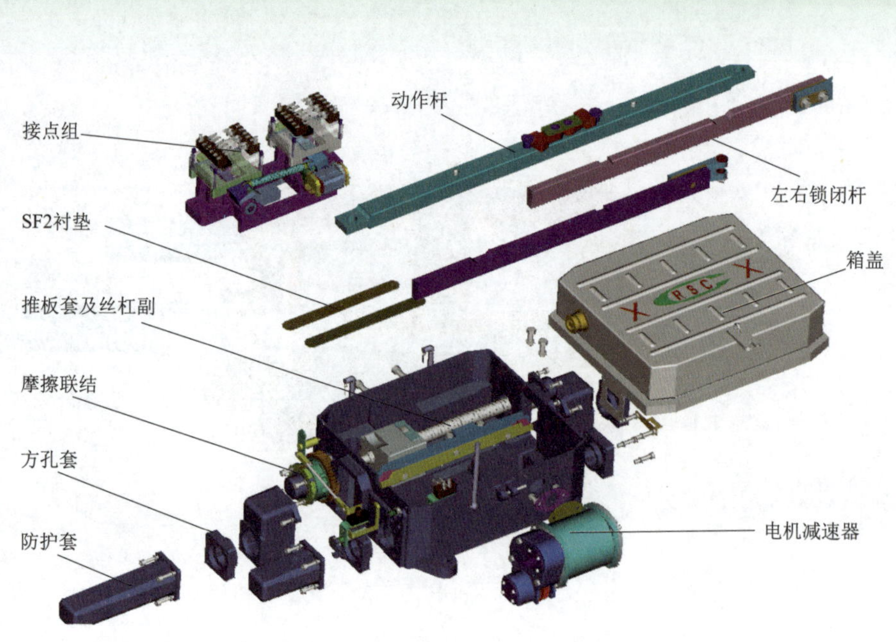

ZD(J)9 系列电动转辙机内部分解

(三)ZY(J)7 系列电液转辙机及 SH6 型转换锁闭器

ZY(J)7 系列电液转辙机及其配套的安装装置与外锁闭器系统,是为满足我国提速线路需要而研制的新型道岔转换系统。它能转换、锁闭国内现有各种规格、型号的内、外锁闭道岔,并能正确反映尖轨及可动心轨的位置和状态。

ZY(J)7 系列电动液压转辙机由 ZY(J)7 型电动液压转辙机(亦称主机,用于第一牵引点)和 SH6 型转换锁闭器(亦称副机,用于第二、三等牵引点)组成。主机与副机共用一套动力系统,两者间用油管相连传输动力。

主机由电动机、油泵、油缸、启动油缸、接点系统、锁闭杆、动作杆等部分组成。

副机主要由油缸、挤脱接点、表示杆、动作杆组成。

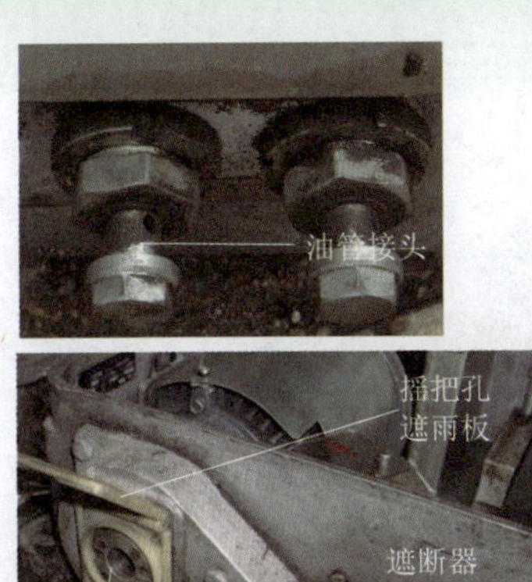

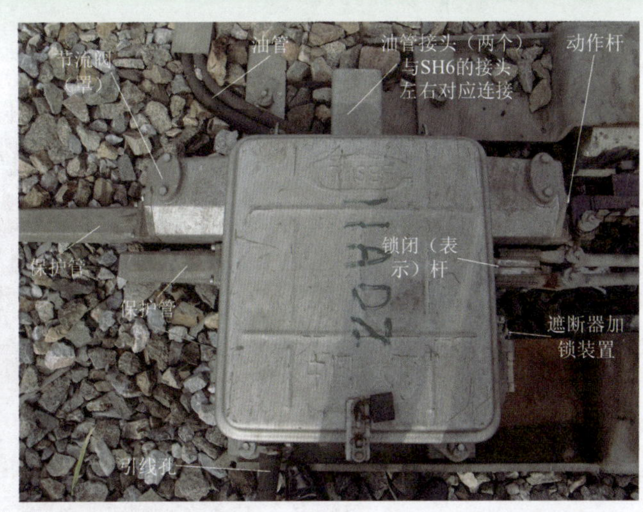

ZY(J)7 系列电液转辙机外部组成

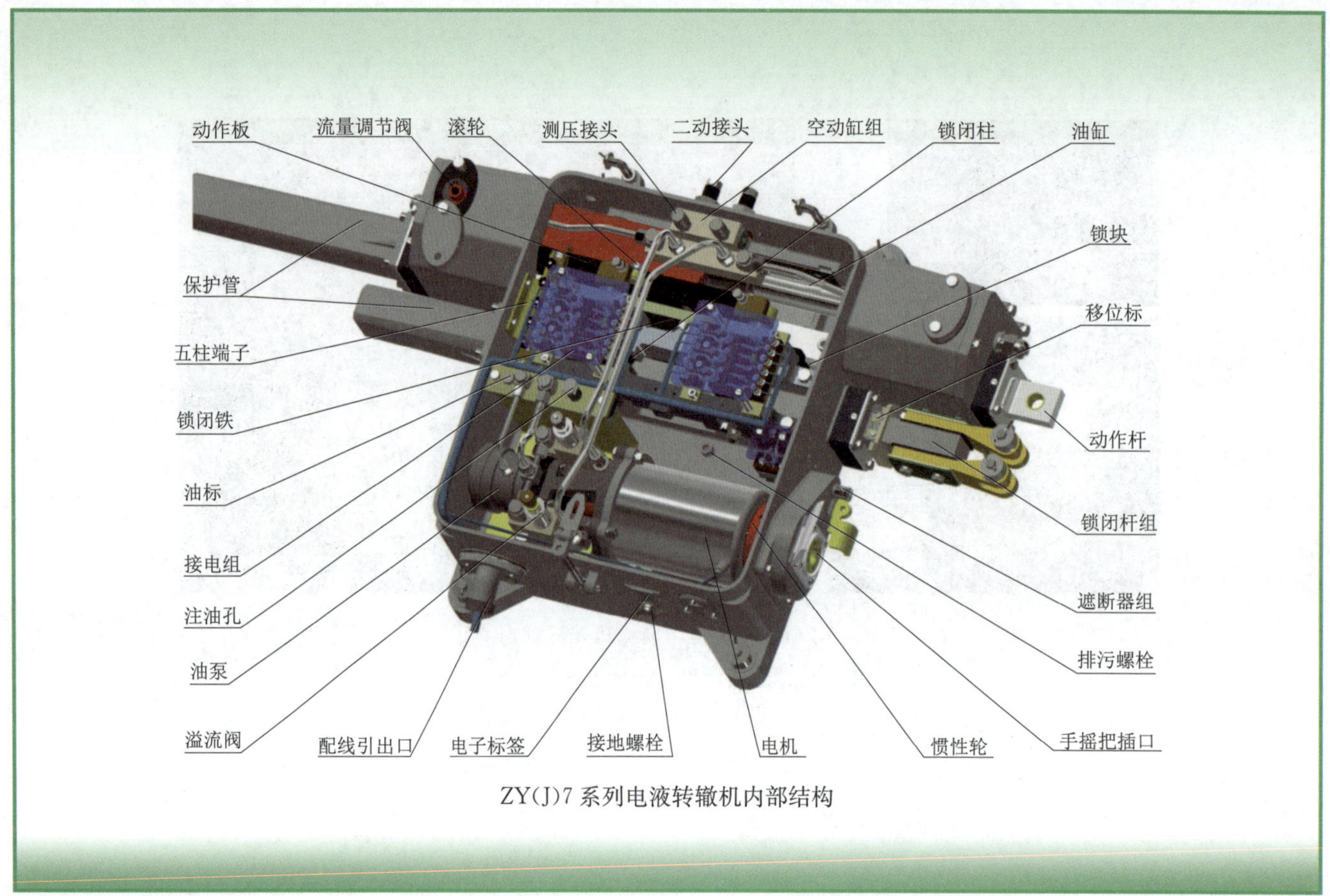

ZY(J)7 系列电液转辙机内部结构

SH6 型转换锁闭器外部组成

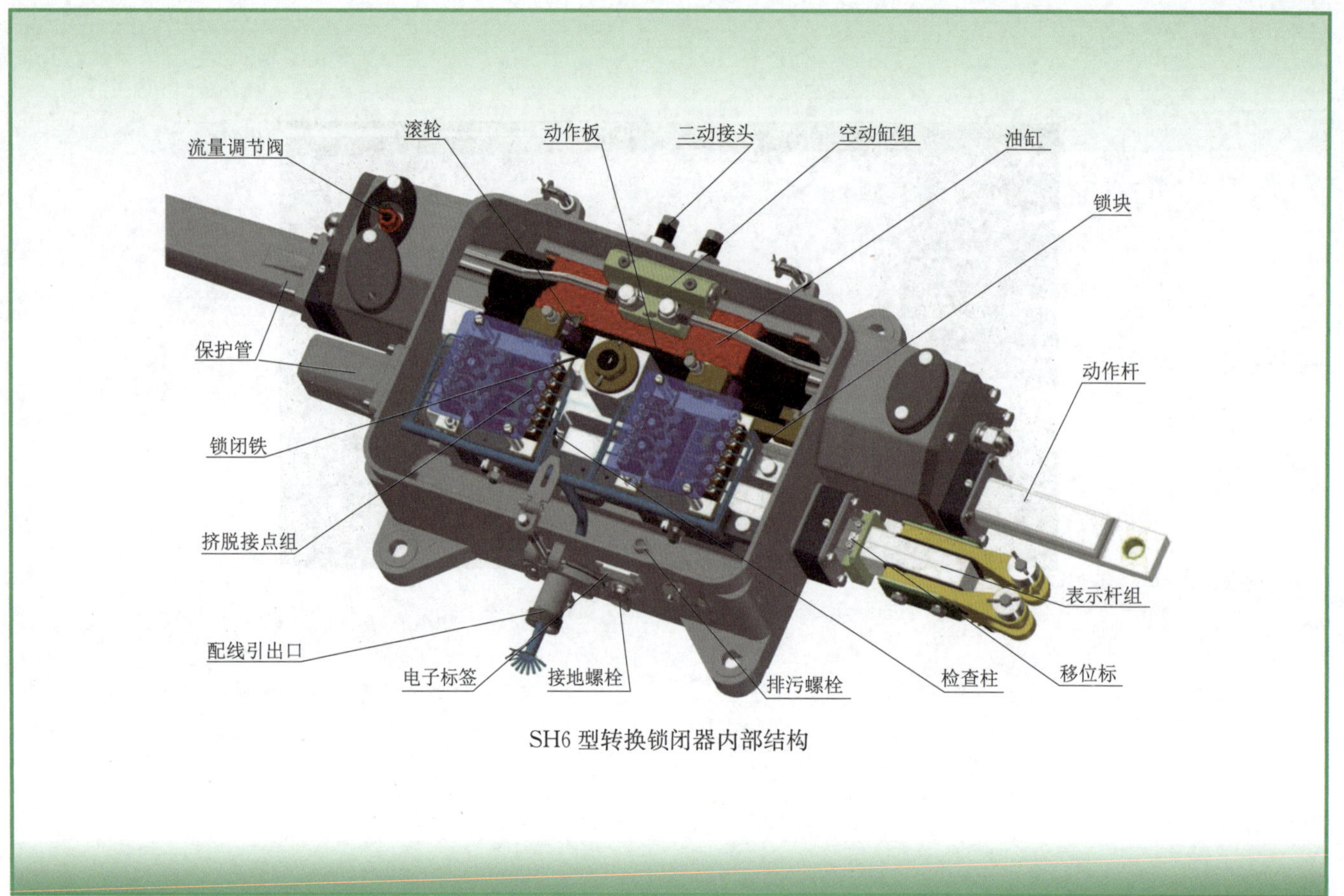

SH6 型转换锁闭器内部结构

(四)S700K 型电动转辙机

S700K 型电动转辙机采用德国西门子技术,属于滚珠丝杠传递的三相交流电动转辙机,其控制电路的动作电源采用 380 V 三相交流独立电源,由三相交流电源屏供电,它的道岔表示电源及 24 V 控制电源都由原电气集中电源屏供电。

S700K 型电动转辙机主要构成包括三相交流电动机、减速驱动系统、检测部分、安全装置等。

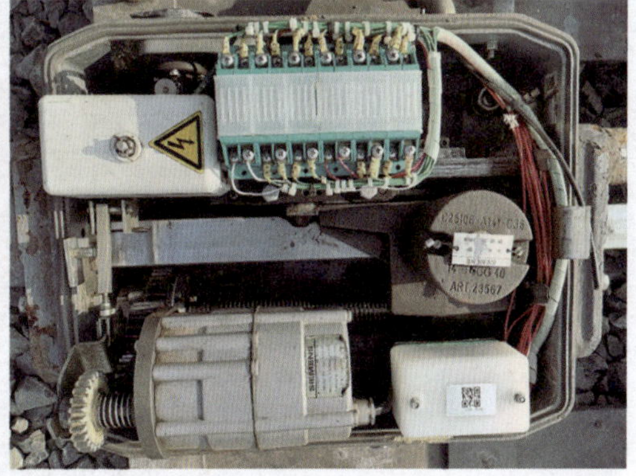

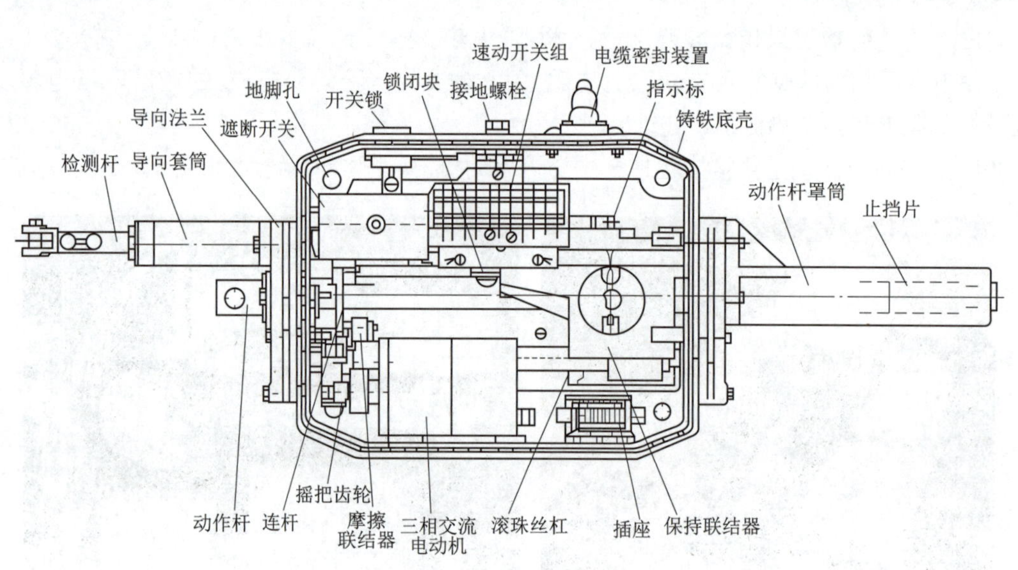

S700K 型电动转辙机内部结构

二、锁闭装置

(一)道岔锁闭方式

道岔的锁闭是把尖轨或可动心轨固定在某个开通位置,使其在列车通过时不因外力作用而改变位置。按锁闭方式可分为内锁闭和外锁闭两种。

内锁闭是通过转辙机杆件实施对道岔尖轨、可动心轨锁闭的方式;外锁闭是通过外锁闭装置实施对道岔尖轨、可动心轨锁闭的方式。

外锁闭装置是在转辙机外将尖轨、可动心轨锁闭在规定位置的设备,能够保证列车通过道岔时尖轨、可动心轨不因轮对产生的冲击、振动等改变位置。

按使用部位可分为尖轨钩型外锁闭装置和可动心轨钩型外锁闭装置。

(二)内锁闭道岔

1. 内锁闭道岔锁闭原理

转辙机动作杆经外部杆件对道岔实现位置固定,即内锁闭道岔。实际上,内锁闭方式锁闭道岔是对道岔可动部分进行的间接锁闭。

2. 内锁闭道岔组成

内锁闭道岔包括转辙机及其外部转换设备，其中转辙机是道岔转换设备的核心和主体，外部转换设备包括各类杆件、安装装置；安装装置由基础角钢（或托板）、尖端铁、舌铁、尖端杆、表示调整杆、轴套、杆架、密贴调整杆、角形铁（L 铁）、螺栓、螺母等组成。

内锁闭道岔杆件

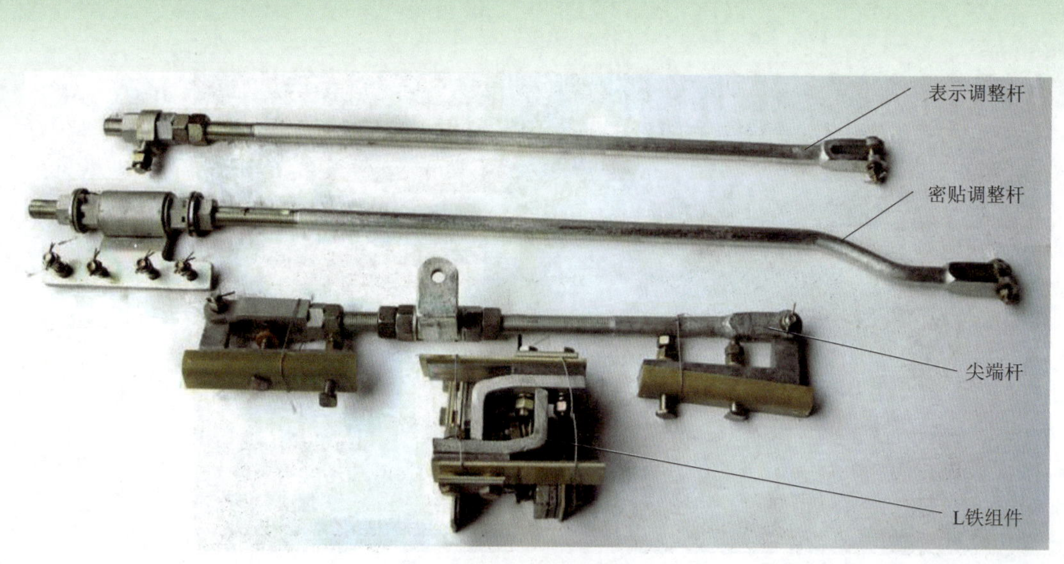

杆件设备实物

3. 内锁闭装置动作原理

内锁闭装置由锁闭齿轮和齿条块组成，将转动变为平动，通过动作杆带动尖轨运动，转换到位后进行锁闭。

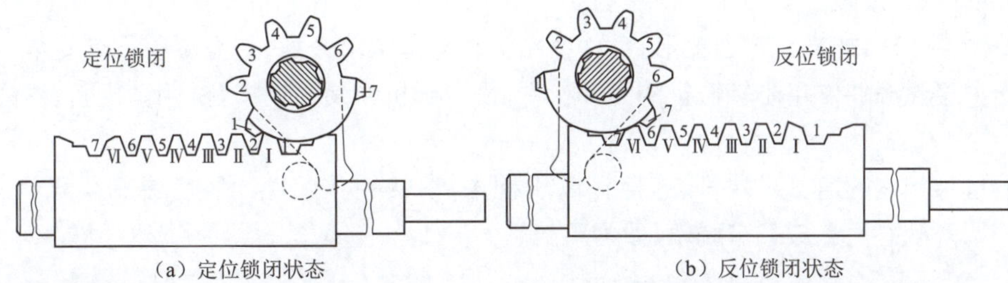

（a）定位锁闭状态　　（b）反位锁闭状态

4.内锁闭道岔的结构特点

(1)结构简单,便于日常维修保养,且转换比较平稳,属定力锁闭。

(2)道岔的二根尖轨由三根或四根连接杆组成框架结构,使尖轨部分整体刚性较高,而且框架式结构造成的反弹和抗劲较大。

(3)受外力冲击时,如发生弯曲变形,会使密贴尖轨与基本轨分离,严重威胁行车安全。

(4)冲击力经过杆件作用于转辙机的内部机件,使内部机件易于受损,挤切销折断,移位接触器跳开等。

(5)由于框架结构的道岔尖端杆、连接杆高于枕木,车辆的零部件松脱容易将尖端杆、连接杆拉弯,道岔形成四开状态而造成列车脱轨、颠覆事故。

移位接触器

挤切销

尖端杆

(三)钩型外锁闭装置

道岔转换设备外锁闭装置及安装装置,是保证高速和重载线路运输安全的重要技术设备。外锁闭装置及安装装置通过电动转辙机的牵引实现道岔的解锁和锁闭。外锁闭装置将道岔的密贴尖轨(可动心轨)和基本轨(翼轨)直接进行锁闭,并将斥离尖轨保持在标准开口位置。同时外锁闭装置能隔离列车通过时对转换设备的振动和冲击,提高转换设备的使用寿命和可靠性。

钩型外锁闭装置采用垂直锁闭方式,工作稳定、可靠,安装、调整方便。

1. 尖轨钩型外锁闭装置

(1)尖轨钩型外锁闭装置组成

尖轨钩型外锁闭主要由锁钩组件、锁闭杆组件、尖轨连接铁组件和锁闭框组件等部分组成。

尖轨各牵引点均采用钩型外锁闭，主要由连接铁、销轴、锁钩、限位夹板、锁闭框、锁闭铁、锁闭杆及连接紧固件等组成。

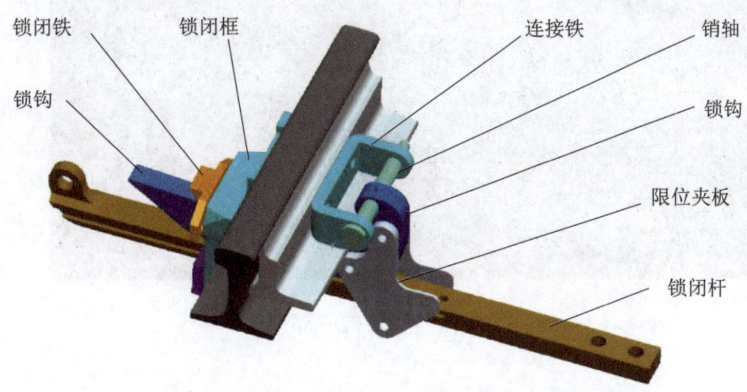

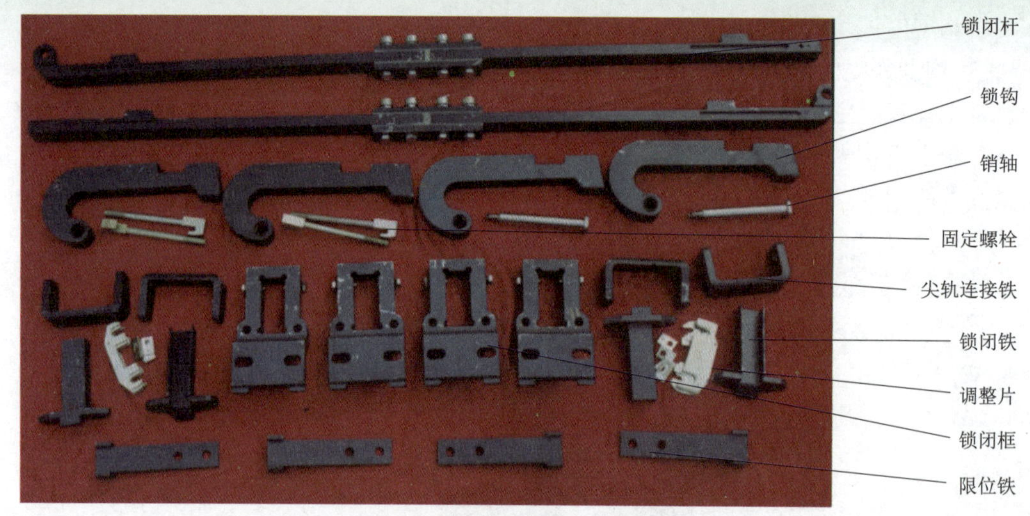

钩型外锁闭装置构成部件实物

①锁钩组件。

锁钩是直接将密贴尖轨与基本轨锁闭连接的部件。锁钩组件主要由锁钩、限位夹板等组成。

②锁闭杆组件。

锁闭杆是将转辙机动力和动作传递给锁钩,同时保证锁钩实现锁闭、运动的部件。锁闭杆组件主要由锁闭杆、导轮、绝缘件等组成。

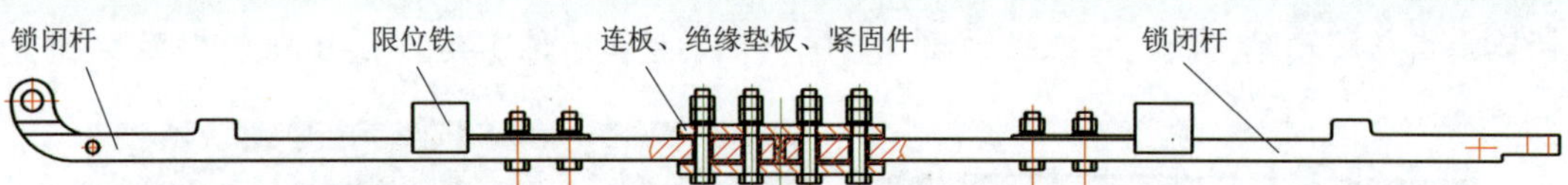

③尖轨连接铁组件。

尖轨连接铁是尖轨与锁钩之间的连接组件，应具备适应尖轨爬行的功能。尖轨连接铁组件主要由销轴、尖轨连接铁等组成。

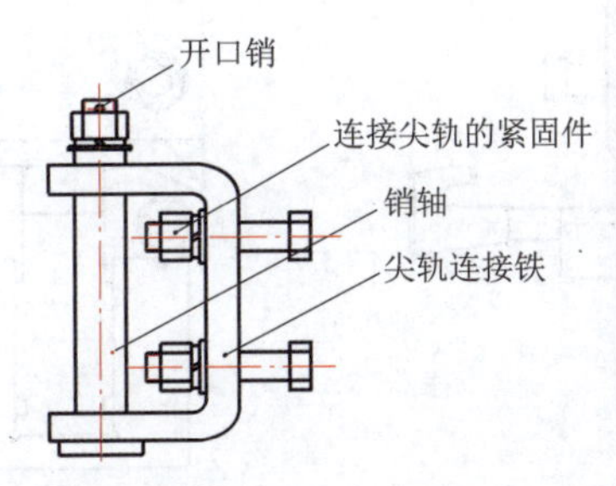

④锁闭框组件。

锁闭框固定在基本轨上，承受整套外锁闭机构的自身重力及外荷载的冲击。锁闭框组件主要由锁闭框、锁闭铁、调整片和挡板等组成。

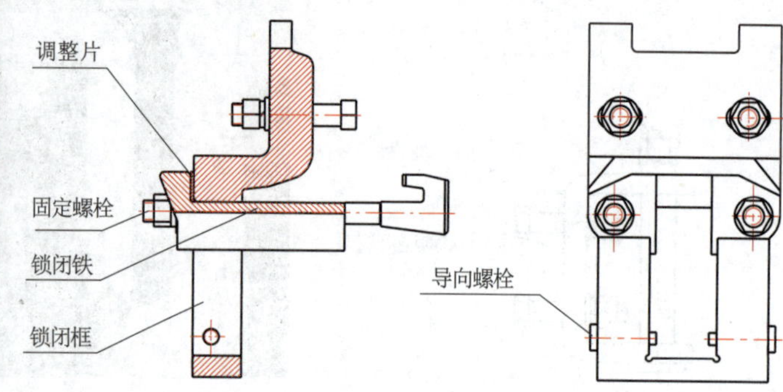

(2)尖轨钩型外锁闭动作原理

尖轨钩型外锁闭装置解锁、转换、锁闭过程如下：

①初始状态，左侧锁钩抬起，左侧密贴尖轨处于锁闭状态；右侧锁钩落下，右侧斥离尖轨与基本轨保持要求的开程(或是动程)。

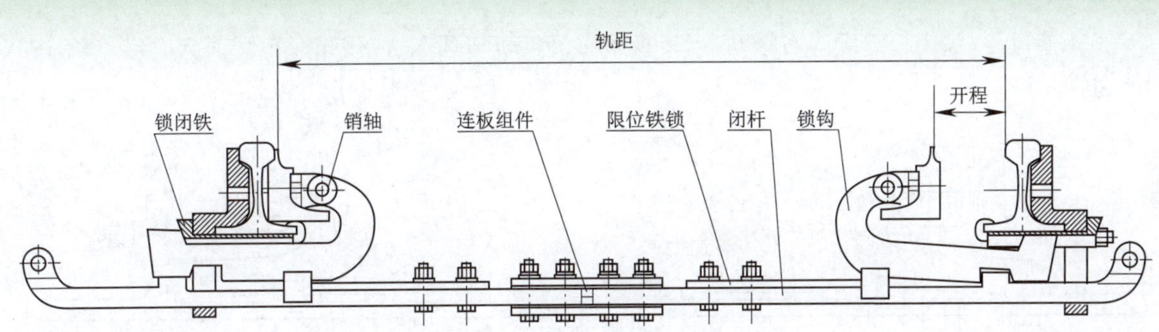

②解锁状态，锁闭杆向右移动，右侧斥离尖轨向密贴位移动，同时左侧密贴尖轨处锁闭杆相对锁钩移动，左侧锁钩落下，左侧尖轨与基本轨解锁。

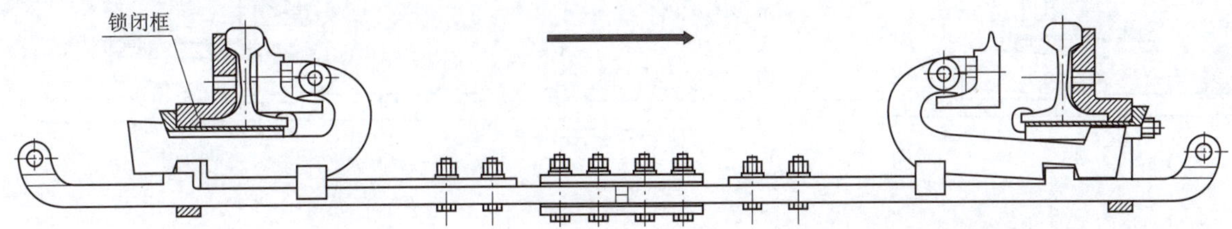

③转换过程，锁闭杆继续向右移动，当转换至右侧尖轨与基本轨密贴时，右侧锁钩抬起，开始进入锁闭过程。

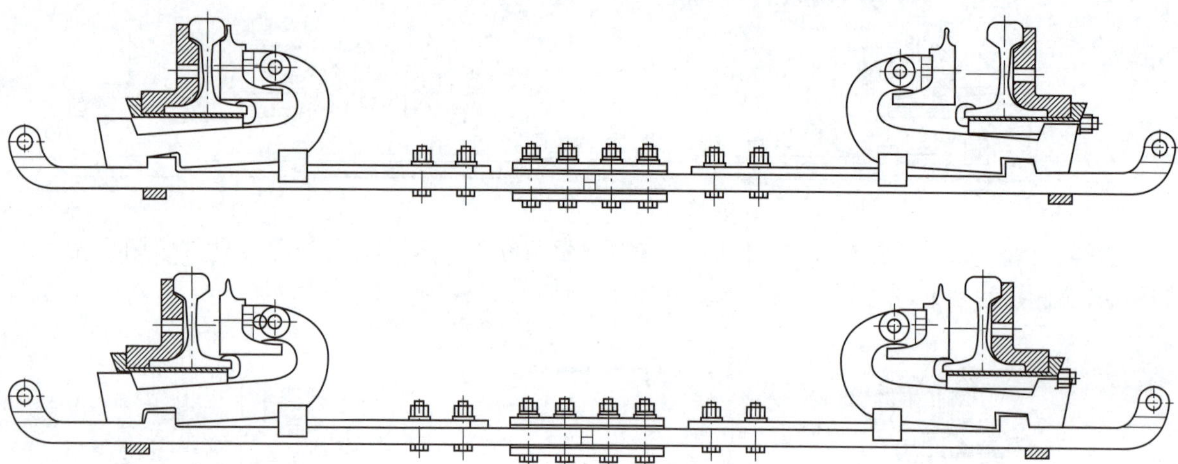

④锁闭过程，锁闭杆继续向右移动，右侧尖轨进入锁闭状态，同时左侧尖轨继续向右移动至规定开程（或是动程），完成转换过程。

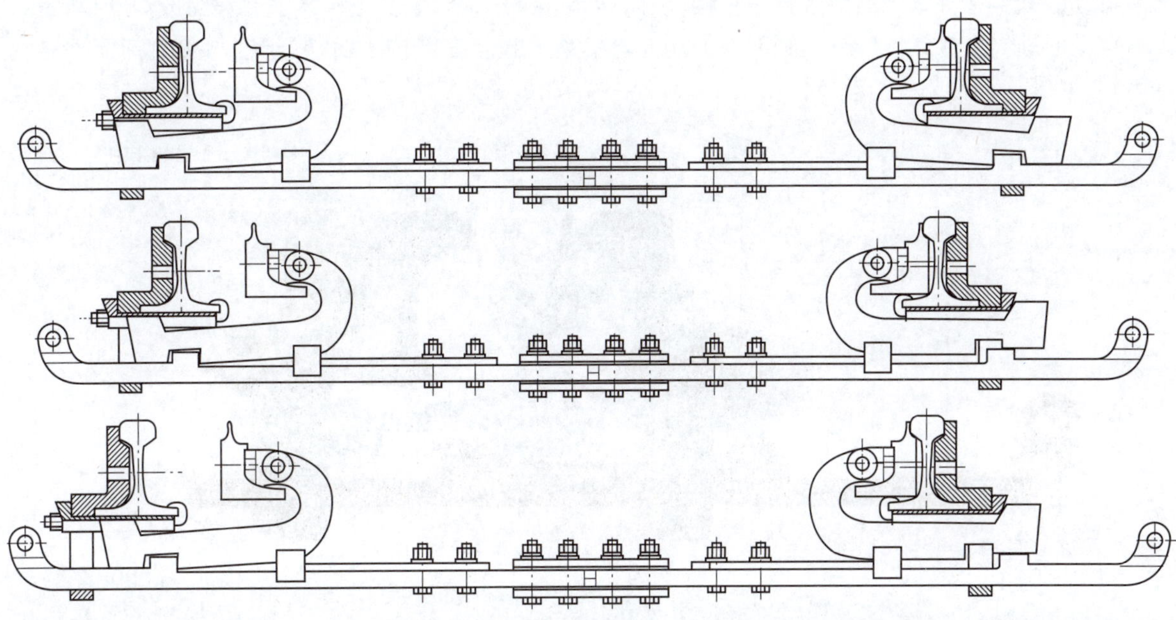

2. 可动心轨钩型外锁闭装置

(1)可动心轨钩型外锁闭装置组成

可动心轨钩型外锁闭装置主要由锁钩、锁闭杆、锁闭框、锁闭铁及连接紧固件等组成。

可动心轨钩型锁钩、锁闭杆、锁闭铁的功能与尖轨一致。在结构方面,锁闭铁与尖轨锁闭铁结构相同,心轨锁钩和锁闭杆为整体件。

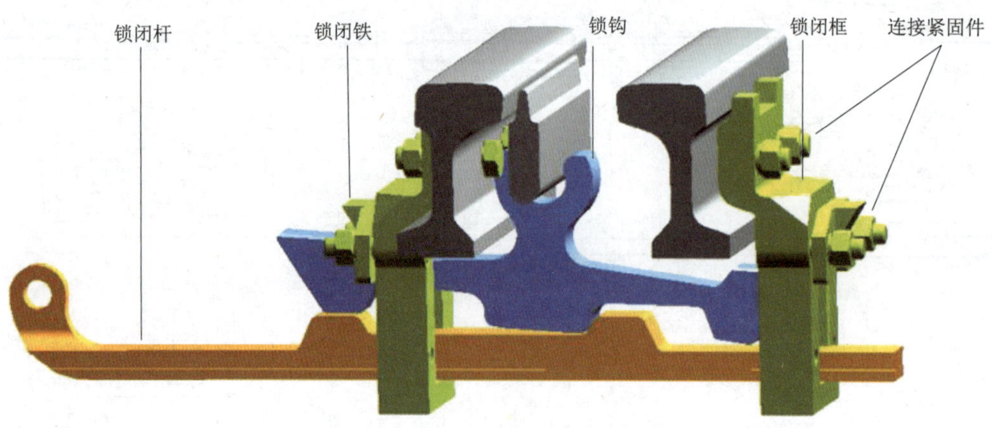

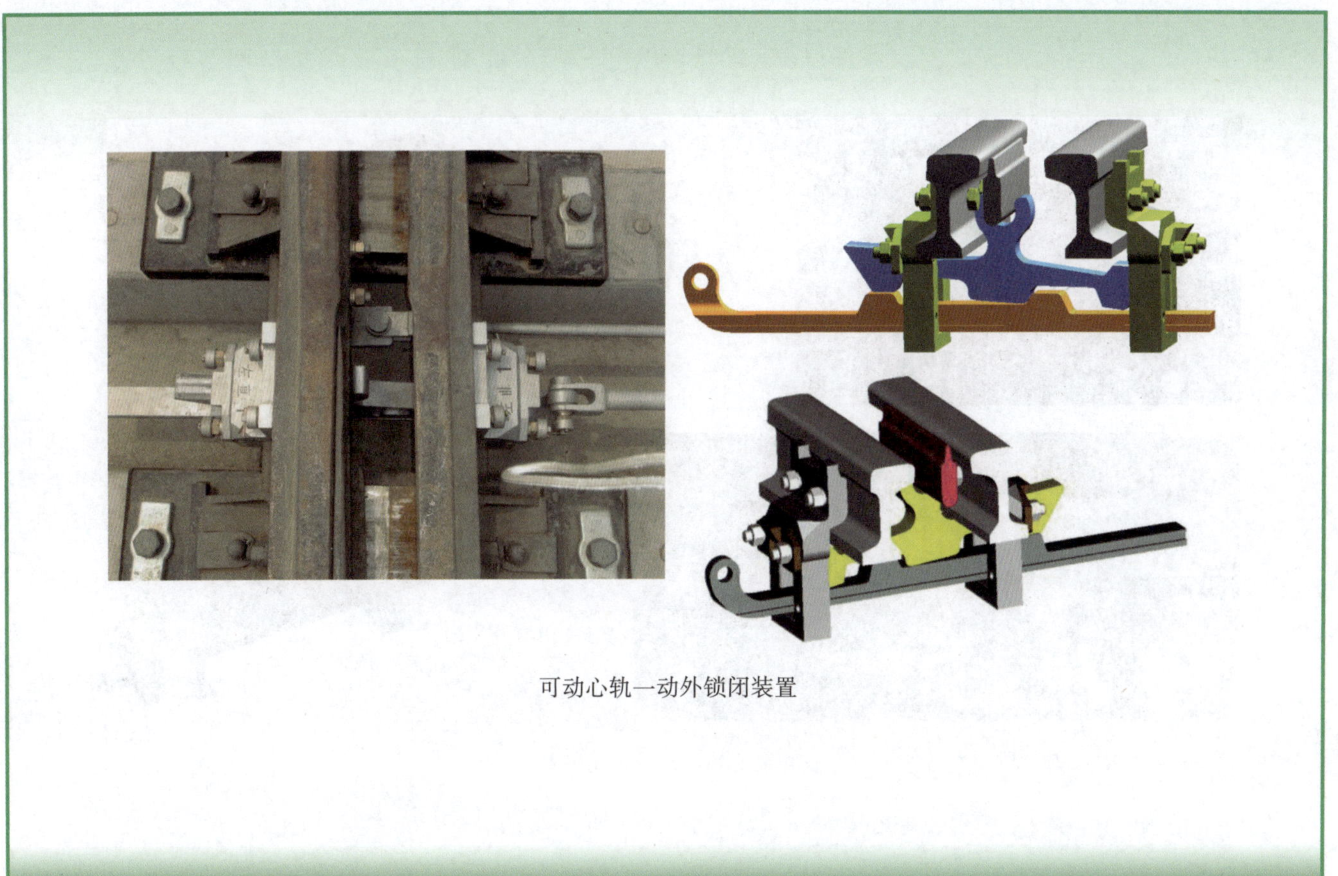

可动心轨一动外锁闭装置

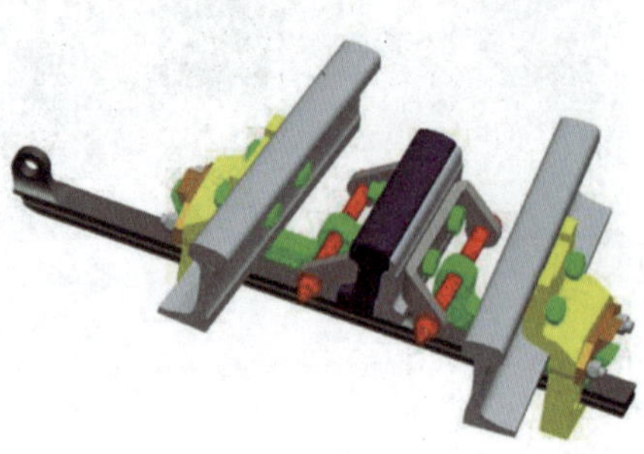

可动心轨二动外锁闭装置

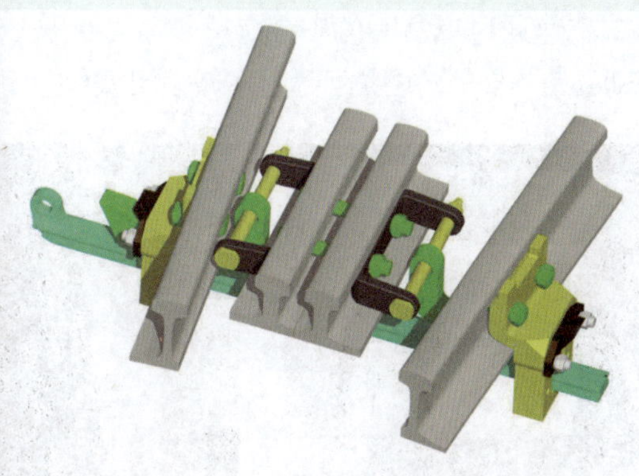

可动心轨三动外锁闭装置

(2)可动心轨钩型外锁闭装置动作原理

外锁闭装置的锁闭框直接与翼轨相连,可动心轨的凸缘插在锁钩的楔形槽内(可动心轨在槽内可前后伸缩),转辙机输出的力矩通过动作连接杆传递给锁闭杆,锁闭杆做直线运动,锁闭杆凸台带动锁钩,锁钩拉动可动心轨,从而实现可动心轨的转换。当可动心轨与翼轨密贴后,锁钩因锁闭杆推动沿锁闭铁斜面上行开始锁闭。转换结束后锁闭杆凸台与锁钩下部凸台重合,支撑锁钩,实现可动心轨与翼轨的锁闭。外锁闭装置将施加给可动心轨的锁闭力传递到翼轨上,提高辙叉部分的整体刚性,从而保证列车高速通过道岔时的安全。

可动心轨与翼轨的密贴可通过增减锁闭铁和锁闭框间的调整片来调整可动心轨密贴，调整方便、可靠。

①可动心轨钩型外锁闭装置的初始状态如下图所示，可动心轨与左侧翼轨处于锁闭状态，锁钩左侧抬起。

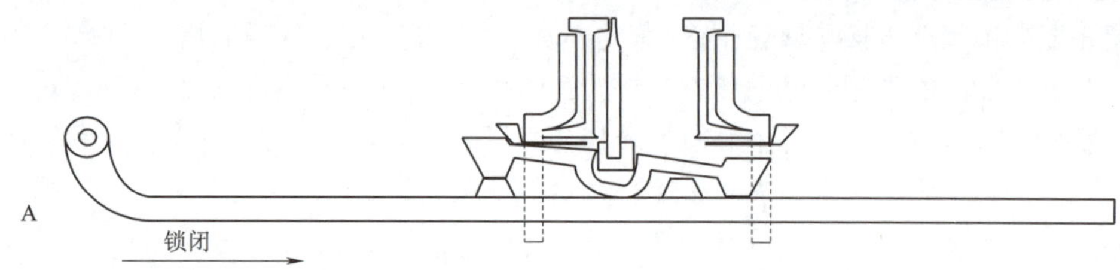

②可动心轨钩型外锁闭装置的解锁状态如下图所示，锁闭杆向右运动，锁钩左侧下落，锁钩转动解锁。

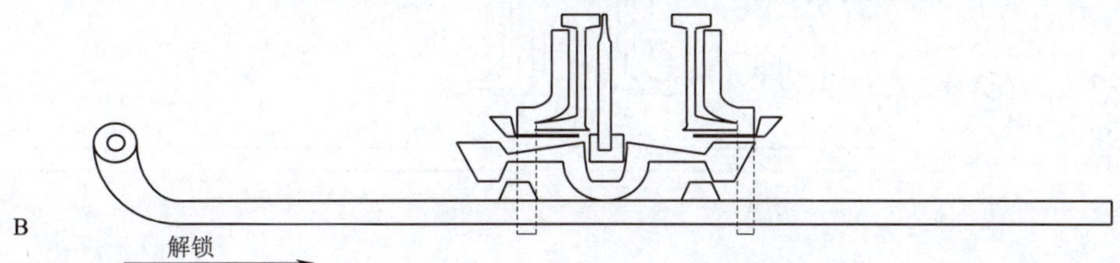

③可动心轨转换状态如下图所示，锁闭杆继续向右移动并通过锁钩带动可动心轨转换到另一侧。

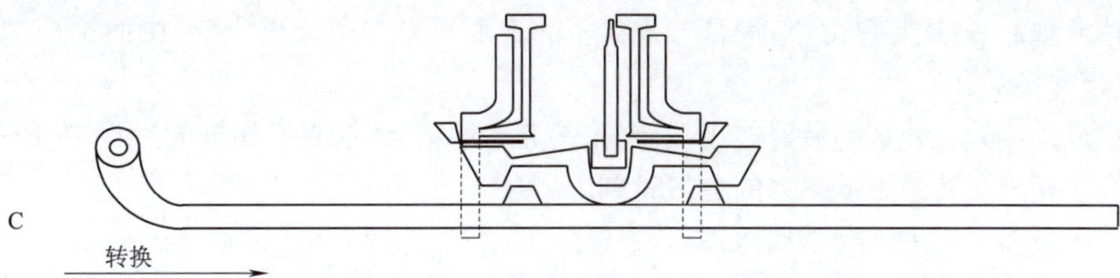

④可动心轨与右侧翼轨锁闭状态如下图所示，锁闭杆继续向右移动，锁钩右侧抬起，锁钩转动进入锁闭状态，完成一个动作过程；反之，锁闭杆向左移动，动作过程与前述过程一致，完成另一个"解锁—转换—锁闭"动作。

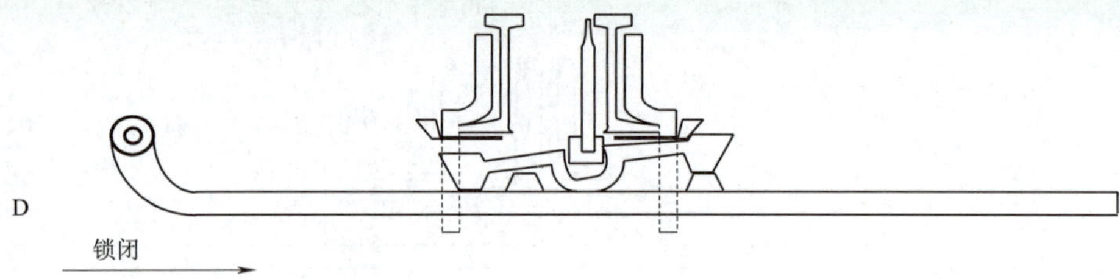

3. 钩型外锁闭道岔的结构特点

(1)改变了传统的框架结构,使尖轨的整体刚性大幅度下降。

(2)尖轨分动后,转换启动力小,而且一根尖轨的变形不影响另一根尖轨,由此造成的反弹、抗劲等阻力均减小很多。

(3)两根分动尖轨在外锁闭装置作用下,无论是启动解锁,还是在密贴锁闭过程中,所需的转换力均较小,避开了两根尖轨最大反弹力的叠加时刻。

(4)外锁闭装置一旦进入锁闭状态,车辆在通过道岔时,轮对对尖轨(或可动心轨)产生的侧向冲击力基本上传不到转换设备上,即具有隔力作用,有利延长转辙机及各类转换部件的使用寿命(特别是可动心轨部分)。

(5)由于两尖轨间无连接杆,密贴尖轨也很难在外力作用下与基本轨分离,对铁路运输安全起到可靠保证作用。

(6)由于密贴尖轨与基本轨之间由外锁固定,克服了内锁闭道岔靠杆件推力和拉力,使尖轨与基本轨密贴,易造成 4 mm 失效的较大缺陷。

三、安装装置

安装装置是支撑和固定转辙机、密贴检查器、转换锁闭器的托板或角钢基础和连接杆件的统称,主要分为内锁闭道岔安装装置和外锁闭道岔安装装置两类。

(一)内锁闭道岔安装装置

内锁闭道岔安装装置由基础角钢组件或托板组件、尖端杆组件、表示连接杆组件、密贴调整杆组件等组成。

1. 基础角钢组件

基础角钢组件用来固定安装转辙机,主要由长角钢、短角钢和角形铁等零件组成。

2. 尖端杆组件

尖端杆组件的主要作用是连接两根尖轨，与表示连接杆组件共同作用监督尖轨位置。

3. 表示连接杆组件

表示连接杆组件的主要作用是连接尖端杆与转辙机表示杆，实现对道岔位置的检查和监督。

4. 密贴调整杆组件

密贴调整杆组件的主要作用是连接道岔与转辙机动作杆，并调整道岔密贴状态。

(二)外锁闭道岔安装装置

外锁闭道岔转辙机一般采用托板安装方式，主要由托板组件、动作连接杆组件、表示连接杆组件、防水罩组件等组成。

托板安装是将托板安装在岔枕端部的一种安装方式，其优点在于转换设备承受的列车冲击、振动比角钢方案显著减小，转辙机安装位置较低，可减少转辙机受列车下垂物碰坏的概率。转辙机动作杆、表示杆可用直杆，提高了强度。

无砟道岔调高时，托板也可通过增加调整板做相应调整，以满足转辙机、杆件、外锁闭与基本轨和可动尖轨相对位置要求。

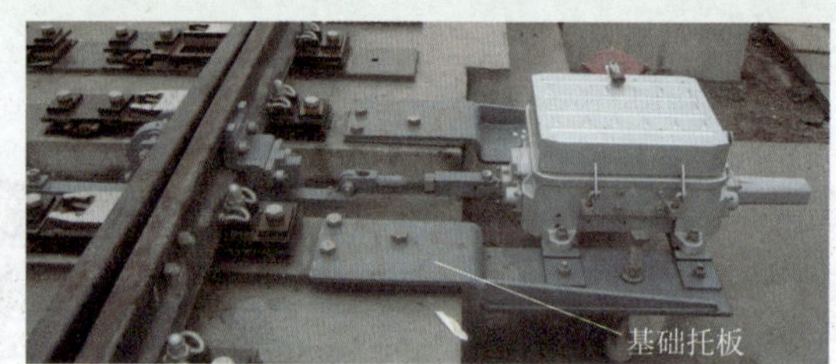

1. 托板组件

托板组件用于固定安装转辙机，主要由托板、垫板和调整板等组成。

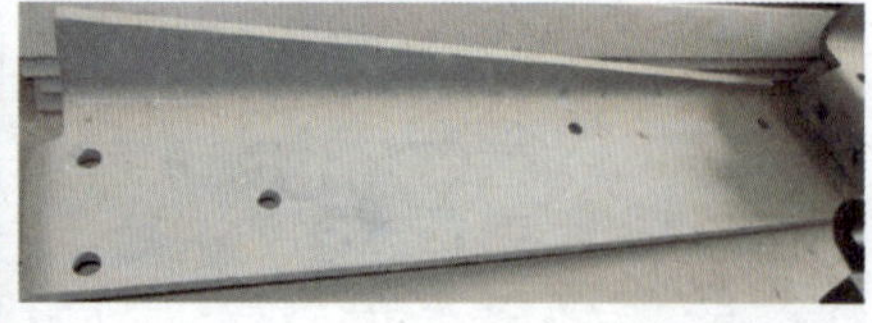

2. 动作连接杆组件

动作连接杆组件用于连接转辙机动作杆和锁闭杆，传递转辙机动力，实现道岔转换。动作连接杆组件由动作连接杆、接头及螺栓销等组成。

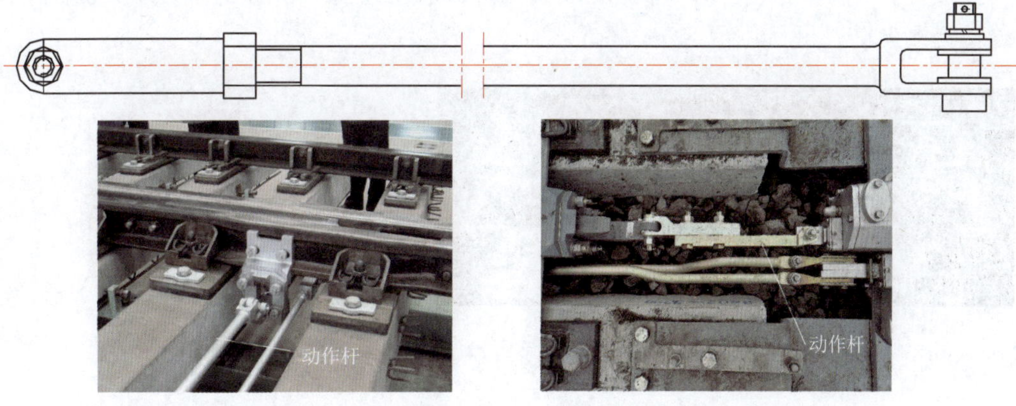

3. 表示连接杆组件

表示连接杆组件用于连接转辙机表示杆和道岔尖轨，实现尖轨位置的表示。表示连接杆组件由表示连接杆、活络接头组件、无扣轴套、有扣轴套及尖端铁等组成。

表示连接杆有长表示连接杆和短表示连接杆之分，长表示连接杆用于连接远端尖轨，短表示连接杆用于连接近端尖轨。

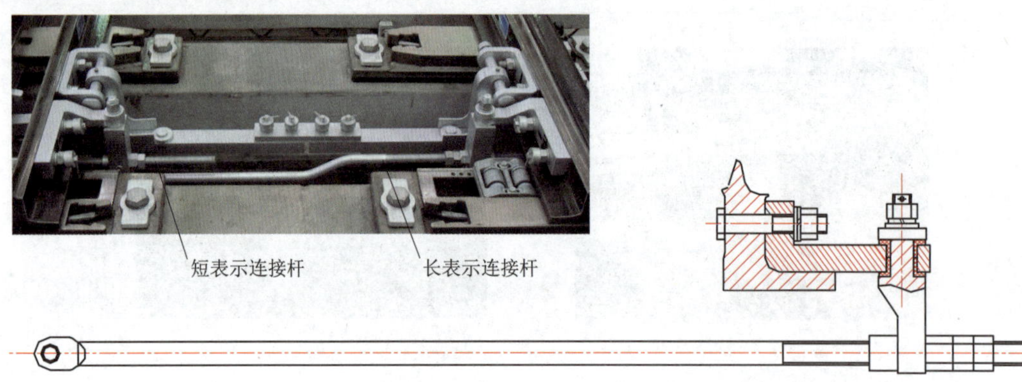

4. 防水罩组件

防水罩安装在托板上，作用是当转辙机动作时防止将雨水带入机内造成潮湿故障。防水罩组件主要由防水罩、拉带、底板等组成。

四、密贴检查器

道岔转换系统在转换、锁闭道岔尖轨和可动心轨之后,还应对道岔尖轨、可动心轨的密贴状况进行检查与监督,当尖轨和可动心轨的密贴状况没有满足技术要求的指标时,应进行报警与提示。这种检查不仅在牵引点位置进行,还应在尖轨的两个牵引点之间进行。

由于我国道岔转换系统采用多点多机形式,牵引点位置尖轨的密贴检查由此位置的转辙机完成。在尖轨两个牵引点之间的密贴检查只能通过设置在牵引点之间的密贴检查器完成。密贴检查器的检查接点串接在转换系统的表示电路之中,当任何一个牵引点位置的转辙机没有正常表示或者任何一个牵引点之间的密贴检查器没有正常表示时,道岔的转换系统都将提示道岔处在不正常状态,需要进行维护调整,可以看出:密贴检查器对于道岔的正常使用起了相当重要的作用。

密贴检查器分为两种,一种设置在线路外侧,由两台密贴检查器组成;一种设置在线路中心,由一台密贴检查器组成。

密贴检查器设置在外侧

密贴检查器设置在内侧

JM-A 型密贴检查器用于检查尖轨和可动心轨的密贴状态，也可以用于道岔挤岔时切断表示。JM-A 型密贴检查器主要用于通过列车速度在 200 km/h 以上的道岔两牵引点间 5 mm 检查。

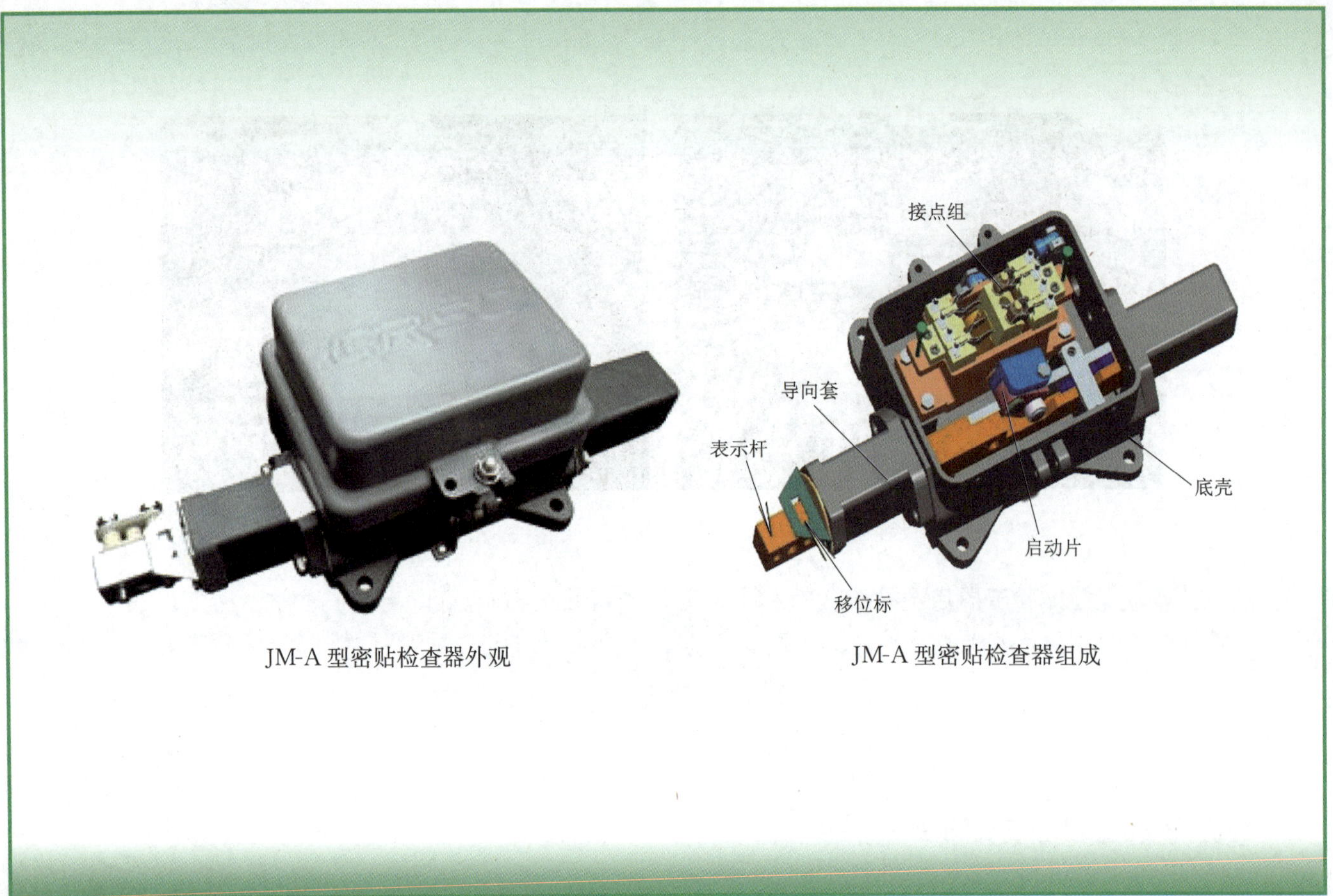

JM-A 型密贴检查器外观

JM-A 型密贴检查器组成

第三节　道岔轨道电路

一、道岔轨道电路

道岔轨道电路是用绝缘材料将道岔分成若干不同极性的电路区段，当机车车辆通过这些区段时，显示不同信号，并将信号传到调度指挥台，或将调度人员发出的指令通过轨道电路使信号显示不同的进路，以使列车与道岔信号设备、调度系统实现不间断地联系。

道岔轨道电路的制式应能使机车车辆通过道岔的任何位置，都能对机车车辆所处道岔位置形成一个闭合回路。这样所有的道岔根据其功能，绝缘接头都有固定的位置，或在曲股，或在直股，而且在其两侧的钢轨处于不同的极性。在自动闭塞区段，装有连续式机车信号的车站，为使地面向机车不断地传递信号，单开道岔的钢轨绝缘设置在道岔曲股上，对称道岔设在驼峰下，以一组道岔作为一个闭合回路。在其他位置的对称道岔，绝缘布置与单开道岔相同。两股钢轨的绝缘一般相对设置。相错开时，两个绝缘相错不得大于 2.5 m，因为相错的绝缘会形成一个极性相同的死区，这个死区大于 2.5 m时，固定轴距较小的车辆停在这个位置不能形成回路，也就不能显示正确的信号。

连接不同极性的两股钢轨，或连接绝缘接头两侧钢轨的联结零件、加强设备都是绝缘的。道岔中各钢轨接头都留有足够的位置，以便安装钢轨连接线、道岔跳线。高锰钢整铸辙叉的趾端、跟端轨腰或是底板上，设有安装轨道电路连接线的导电销。

为了保证道岔区段轨道电路的正常运行，道岔转换设备在钢轨上安装时，通过各种绝缘件将安装装置与钢轨隔离。

内锁闭道岔尖轨与接头铁(尖端铁)之间的绝缘通过在尖轨与接头铁(尖端铁)的安装面放置绝缘片,在尖轨与接头铁(尖端铁)联结螺栓中放置绝缘管,在螺母的垫片与接头铁(尖端铁)接触面间放置绝缘垫来实现。

外锁闭道岔通过在锁闭杆中间安装绝缘,在表示杆活络接头与尖端铁之间设置绝缘来实现。

在角钢安装方式的转辙机安装装置中,基本轨与长角钢的绝缘通过在长角钢上下两个安装面放置绝缘板,在长角钢用于连接角形铁和长角钢的螺栓孔中放置绝缘管来实现。

上述结构中以各种管垫绝缘最易受挤、老化而失去功能。一旦绝缘破损,就会使道岔所在的轨道电路区段发生红光带,对安全行车影响非常大。而且,道岔上的绝缘一旦破损,查找起来相当困难,只能通过一处处分解绝缘来缩小故障范围,故障延时长,负面影响大。

单开道岔轨道电路示意

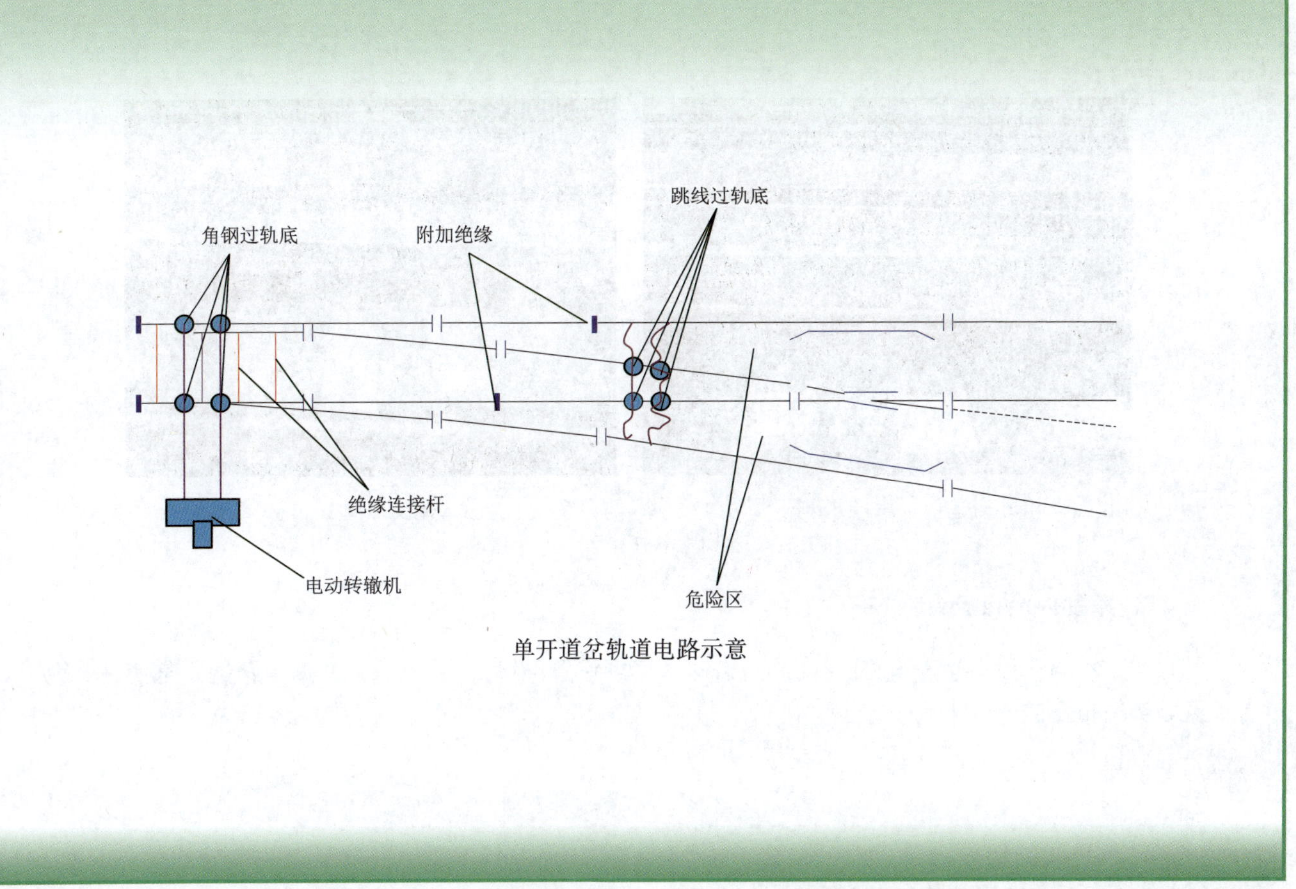

单开道岔轨道电路示意

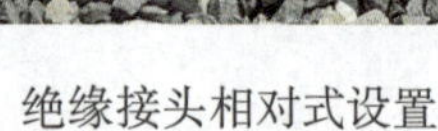
绝缘接头相对式设置

绝缘接头相错式设置

二、道岔内绝缘接头

当道岔用于设有轨道电路的线路时，道岔内必须设置绝缘接头，以保证轨道电路的正常使用。绝缘接头的布置应符合下列规定：

1. 绝缘接头应设置在道岔连接部位，绝缘接头两端应至少有一侧的铁垫板已分开为两块独立的铁垫板。

2. 道岔中设置钢轨绝缘接头，应使两股钢轨成为不同极性，保证机车车辆在道岔中任何部位都不能短路；若不能把相邻钢轨的极性错开时，须调换道岔钢轨绝缘接头的安装位置（原来在直股时，调换至曲股；或反之），以取得正确的极性配置。

3. 两股钢轨上的绝缘接头应对齐，如难以对齐时，相错量不应大于 2.5 m。

4. 绝缘接头在道岔直股和侧股均可设置。

5. 绝缘接头处的钢轨轨缝应为 6～8 mm。

6. 道岔用于渡线时，在渡线中间应具有设置绝缘接头的条件。

7. 交叉渡线应按设计图增设绝缘。

8. 用于驼峰的小号码对称道岔，其绝缘接头位置应符合信号设计规定。

钢轨绝缘接头分为胶接绝缘接头和普通绝缘接头两种。目前正线道岔一般采用胶接绝缘接头，站线道岔可采用普通绝缘接头。绝缘接头的结构应符合相关标准图的规定。

需要注意的是，由于绝缘接头夹板较宽，有些道岔在绝缘接头两侧难以安装道岔标准扣件，需采用特殊扣件。同时为保证绝缘性能，也需将扣压件、轨距块等与钢轨绝缘。

三、轨道电路对道岔要求

1. 道岔总布置图配轨计算时，应考虑道岔直股或曲股都能设置绝缘接头的条件。

2. 联结道岔钢轨件的有关零件，如接头铁、拉杆、连杆、通长垫板(连接不同极性时)和轨距杆等，都需设有绝缘零件。

3. 道岔的扣件系统应具有良好的绝缘性能，道岔钢轨与岔枕间、弹条与绝缘接头夹板间应绝缘。

4. 安装绝缘接头的两根钢轨不得为异型钢轨。

5. 道岔中各钢轨接头应留出足够的位置，以便安装轨道电路连接线。安装连接线的岔枕附近不应安装防爬器。

6. 在高锰钢辙叉的趾、跟端轨腰或底板上，应设有安装轨道电路连接线的导电销。

7. 各种组合式固定型辙叉和可动心轨辙叉，各轨件间应设置轨道电路连接线连通。

8. 道岔与转换设备的安装装置间应可靠绝缘。

两块独立的铁垫板

道岔前端防磨护轨绝缘

接头铁绝缘

辙叉趾端绝缘设置

特殊绝缘扣件

尖端通长连接板绝缘设置

高锰钢辙叉导电销

转换设备绝缘设置

尖端铁绝缘

角钢绝缘

第二章　道岔结合部工电设备标准

本章主要介绍道岔工电结合部工务设备标准、电务设备标准、道岔联合整治项目及要求、工电结合部的分工。

第一节 工务设备标准

一、动程(或开口)

1. 尖轨在第一拉杆中心处的设计动程:直尖轨为 142 mm,曲尖轨为 152 mm;AT 型弹性可弯尖轨 12 号普通道岔为 160 mm 或 180 mm,12 号提速道岔为 160 mm;18 号道岔允许速度大于 160 km/h 时为 160 mm,允许速度不大于 160 km/h 时为 160 mm 或 180 mm(具体按标准图或设计图规定办理);其他型号道岔按标准图或设计图办理。

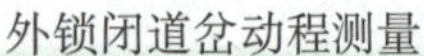
外锁闭道岔动程测量

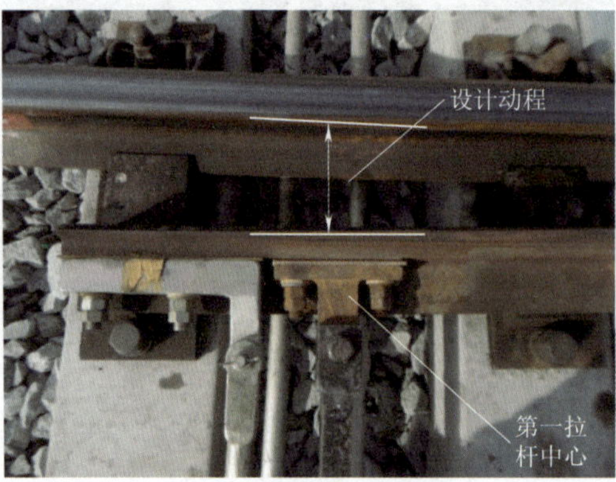

内锁闭道岔动程测量

2. 可动心轨第一拉杆中心处的设计动程按标准图或设计图办理。

3. 尖轨、可动心轨其他拉杆中心处的设计动程按标准图或设计图办理。

测量方法

可动心轨动程

二、各部间隙

1. 尖轨实际尖端与基本轨或可动心轨实际尖端、翼轨间隙不大于 1 mm，叉跟尖轨实际尖端与短心轨间隙不大于 1.5 mm。

2. 尖轨与基本轨、可动心轨与翼轨密贴段间隙不超过 2 mm。

3. 斥离尖轨非工作边与基本轨工作边的最小距离为 65 mm 与轨距加宽值之和。

4. 防跳轮与斥离尖轨轨底上表面间隙应为 2～5 mm。尖轨防跳顶铁与密贴尖轨轨底上表面间隙应为 2～5 mm。心轨防跳顶铁、卡铁、间隔铁与心轨间隙应为 2～5 mm。使用塞尺测试上述间隙困难时，应目视无压痕。

防跳轮与斥离尖轨
轨底上表面间隙
尖轨防跳顶铁与
密贴尖轨间隙
心轨防跳顶铁
与心轨间隙
心轨防跳顶铁

5. 基本轨、翼轨外侧扣件与轨底密贴，轨撑与轨底、轨头下颚密贴，离缝不大于 2 mm。

6. 顶铁和轨腰离缝不大于 2 mm。

三、尖轨、基本轨、可动心轨、翼轨状态

1. 尖轨、可动心轨无侧弯。

2. 尖轨、可动心轨无拱腰，与滑床台间隙不超过 2 mm。

3. 尖轨、心轨肥边不大于 1 mm。

4. 基本轨、翼轨弯折点位置或弯折尺寸符合要求。

四、辊轮系统

1. 辊轮安装与调整应符合铺设图要求，各零部件应保持齐全，作用良好。

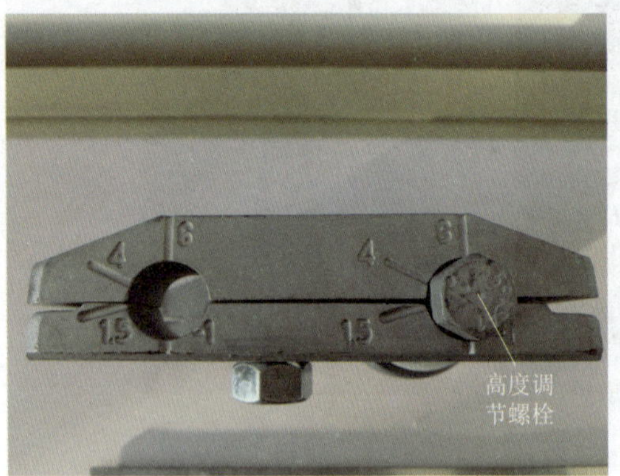

2.尖轨闭合状态下,单辊轮及双辊轮中的内侧辊轮与尖轨轨底侧面的空隙应为 1～2 mm;尖轨斥离状态下,尖轨轨底与滑床台上表面的间隙应为 1～3 mm。

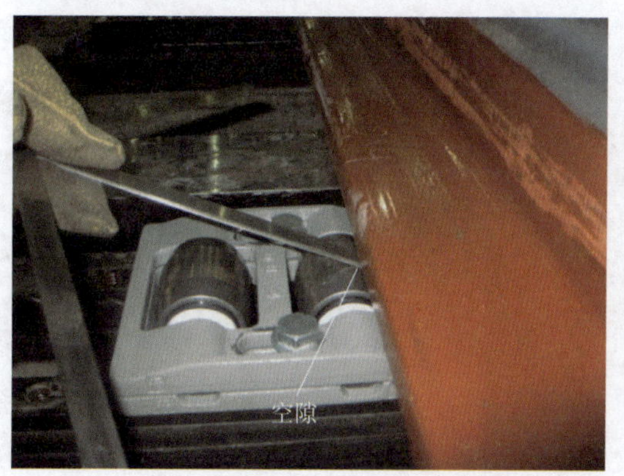

3. 辊轮槽排水孔应保持畅通。

4. 辊轮上、下部分联结螺栓松动、折断、缺失或辊轮转动不灵活、破损时应及时修理或更换。

五、联结螺栓

1. 间隔铁及限位器的联结螺栓、护轨螺栓、长短心轨联结螺栓、接头铁螺栓必须齐全，作用良好，折断时必须立即更换。同一部位同时有两个螺栓或接头铁螺栓有一个缺少或折损时，道岔应停止使用。

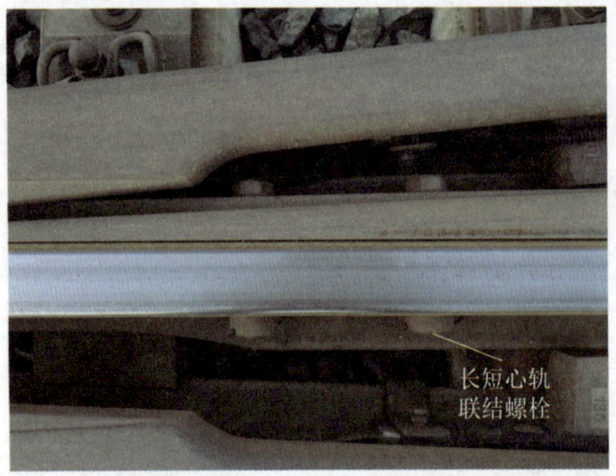
长短心轨
联结螺栓

接头铁
螺栓

2. 顶铁、防跳卡铁、尖轨及心轨防跳限位装置等联结和固定螺栓变形、损坏或作用不良时，应进行修理或更换。

六、防跳限位装置、顶铁

顶铁、防跳卡铁、尖轨及心轨防跳限位装置必须齐全，作用良好，损坏或作用不良时应进行修理或更换。

七、滑 床 板

滑床板无折断或焊缝开裂。滑床板损坏、变形或滑床台磨耗不大于 3 mm。客专线系列道岔不得对转辙器滑床台涂油，辙叉滑床台可涂固体润滑剂。

八、绝缘接头

1. 绝缘接头应满足以下技术要求:

(1)绝缘接头应符合《钢轨胶接绝缘接头》(TB/T 2975)规定。

(2)钢轨端面与绝缘端板之间应密贴,间隙不应大于 1 mm。

(3)绝缘接头螺栓、夹板与扣件不得接触。

(4)左右两股钢轨绝缘接头应相对铺设,且绝缘接头轨缝绝缘端板距轨枕边不宜小于 100 mm。

(5)胶接绝缘接头不宜设置在小阻力扣件地段,距桥台边墙和混凝土梁温度跨度 80 m、钢梁温度跨度 60 m 及以上的梁端不宜小于 2 m。

(6)胶接绝缘接头宜采用现场胶接,胶接绝缘接头与焊接接头间距,正线不应小于 20 m,站线困难条件不应小于 6 m,道岔按设计进行配轨。

2. 应加强胶接绝缘接头的养护,做好胶接绝缘接头前后扣件紧固和轨端肥边打磨工作,发现胶层及端板破损、扣件与夹板或螺栓可能接触时应及时处理。

胶接绝缘接头拉开时,应立即复紧两端各 50 m 线路的扣件,限速不超过 160 km/h,并及时进行永久处理。绝缘失效时,应立即进行临时处理并于当日天窗时间内进行永久处理。

九、钢轨上钻孔、加装附属设备等作业管理

1. 钢轨钻孔位置应在螺栓孔中心线上，且必须使用倒棱工具按 0.8～1.5 mm（角度为 45°）进行倒棱，并清除毛刺，相邻两孔的净距不得小于大孔径的 2 倍。

2. 在钢轨上加装设备时，宜采用无损联结方式。

3. 其他部门需在钢轨上钻孔或加装设备时，应征得工务部门的同意，并在工务人员现场监督下作业。

4. 整组铺设、更换道岔时，道岔内导电销的安装孔应在道岔厂内生产时预设，现场不得另行设置安装孔，安装孔的具体设置位置及相关技术要求，严格按道岔设计图规定执行，有特殊需求时应征得国铁集团工电部同意，并在道岔厂内生产时预设。

5. 除钢轨焊补作业外，不应在钢轨的任何部位实施引弧、电弧焊、电阻点焊、黄铜钎焊等作业。

6. 需要截断钢轨和钻螺栓孔时，应全断面垂直锯断钢轨，用钢轨钻孔机钻孔、倒棱；严禁使用剁子及其他工具强行截断和冲孔。处理线路故障，只有在特殊困难条件下（如无缝线路胀轨跑道、钢轨折断）可个别采用乙炔切割或烧孔。

采用乙炔切割或烧孔的钢轨，必须在 24 h 内更换。在更换前应派人昼夜监视，限速不超过 45 km/h。

第二节　电务设备标准

一、道岔转换设备维修要求

(一)道岔转换与锁闭装置技术要求

1. 联锁道岔转换与锁闭设备应保证道岔的正常转换、可靠锁闭和正确表示。

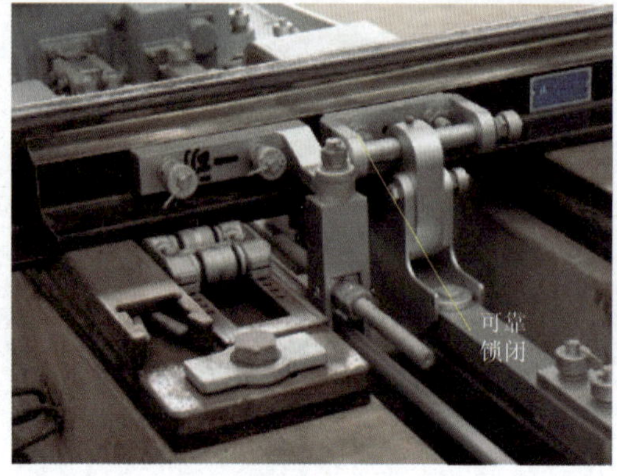

2. 转换设备的安装应方正，并符合下列要求：

(1)道岔转换设备应与单开道岔直股基本轨或直股延长线、双开对称道岔股道中心线相平行。各种类型转辙机及转换锁闭器外壳所属线路侧面的两端与基本轨或中心线垂直距离的偏差：内锁闭道岔不大于 10 mm；外锁闭道岔不大于 5 mm。

(2)各种类型的道岔杆件均应与单开道岔直股基本轨或直股延长线、双开对称道岔股道中心线相垂直。各杆件的两端与基本轨或中心线的垂直偏差:内锁闭道岔的密贴调整杆、表示杆、尖端杆应不大于 20 mm;分动外锁闭道岔各牵引点的锁闭杆、表示杆不应大于 10 mm。

(3)道岔的密贴调整杆、表示杆、尖端杆、拉杆及外锁闭装置的锁闭杆、表示杆,其水平方向的两端高低偏差不应大于 5 mm(以两基本轨工作面为基准)。

(4)联结轨枕的托板与两基本轨轨顶面的延长线平行,托板两端及两托板的高低偏差不应大于 5 mm。

(5)道岔转换设备的锁闭及安装装置必须有足够的强度和刚度,安装装置宜有减震措施并采用防松螺栓、螺母;60 kg/m 及其以上钢轨的道岔采用角钢安装时,其转辙设备安装装置应采用 125 mm×80 mm×12 mm 的角钢。

3. 密贴调整杆、各种动作拉杆及表示连接杆的螺纹牙形均应符合标准，且具有足够的强度。密贴调整杆的螺母应有防松措施。

4. 严禁采用焊接工艺接长各种道岔杆件和安装角钢等。带有弯度的杆件，其弯角不大于 30°，弯高不大于 100 mm。

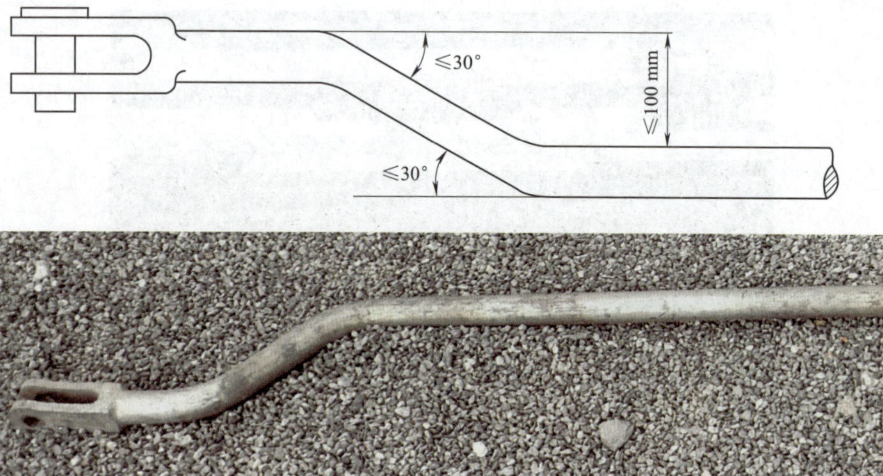

5. 道岔转换设备的各种杆件及导管等的螺纹部分的内、外调整余量应不小于 10 mm。表示杆的销孔旷量应不大于 0.5 mm；其余部位的销孔旷量应不大于 1 mm。

6. 密贴调整杆动作时，其空动距离应在 5 mm 以上。

7. 穿越轨底的各种物件，距轨底的净距离应大于 10 mm。

8. 多点(两点及以上)牵引的道岔,应采用多机牵引方式。单开可动心轨道岔,应采用外锁闭转换装置。

多机牵引

心轨外锁闭转换装置

9. 挤岔时，道岔转换设备(快速转辙机除外)应可靠断开道岔表示。

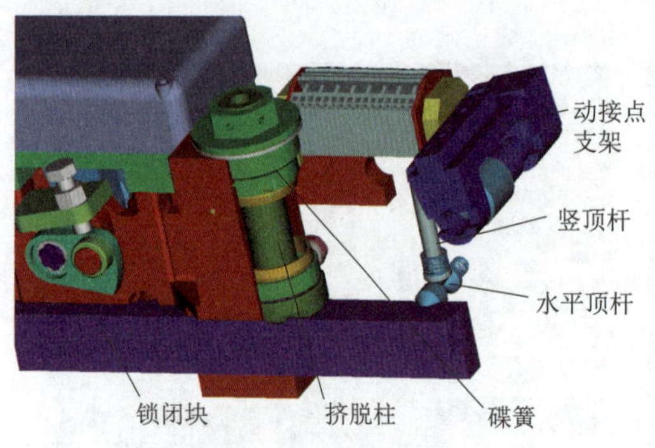

ZD(J)9 型挤脱装置结构示意

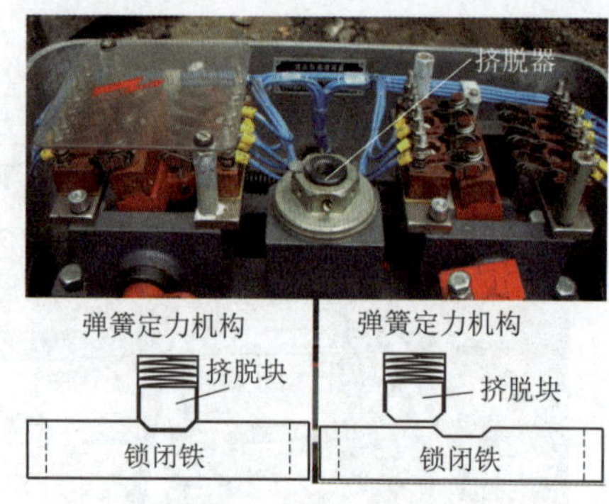

ZY(J)7 型挤脱装置示意

10. 多机牵引道岔使用的不同动程的转辙机，应满足道岔平稳动作、同步转换的要求。

11. 凡用于正线道岔尖轨、可动心轨第一牵引点的转辙机，表示杆必须具备锁闭功能。

12. 列车直向通过速度大于 120 km/h 线路上，道岔应采用外锁闭装置和三相交流转辙机。

三相交流转辙机

外锁闭装置

13. 采用电动、电液转辙机牵引的道岔，道岔尖轨与基本轨、可动心轨与翼轨应密贴。牵引点(分动外锁闭锁闭杆处，联动尖轨牵引点尖轨连接杆处)及密贴检查位置处，尖轨与基本轨、可动心轨与翼轨在下列情况下应满足的要求：

(1)单点牵引道岔牵引点及多点牵引道岔第一牵引点中心线处密贴尖轨(可动心轨)与基本轨(翼轨)间有 4 mm 及以上水平间隙，其余密贴段牵引点中心线处有 6 mm 及以上水平间隙时，不应锁闭或接通表示。

(2)直向通过速度大于 120 km/h 且小于或等于 160 km/h 的道岔，尖轨牵引点间有 10 mm 及以上水平间隙时，不应接通道岔表示。

(3)直向通过速度大于 160 km/h 的道岔、尖轨的密贴段，在牵引点间设密贴检查器，有 5 mm 及以上水平间隙时，不应接通道岔表示。

14. 道岔尖轨(可动心轨)与基本轨(翼轨)的密贴力应符合下列要求:

(1)内锁闭道岔第一牵引点尖轨与基本轨之间应有 1 000 N 密贴力。

(2)外锁闭道岔在密贴状态下,第一牵引点尖轨(可动心轨)与基本轨(翼轨)的缝隙应不大于 1 mm。

15. 用于道岔表示系统的密贴检查装置，第一牵引点处尖轨与基本轨、可动心轨与翼轨密贴有4 mm及以上间隙时，不得接通道岔表示。

16. 附有绝缘的密贴调整杆、尖端杆、角形铁、角钢、分动道岔中的锁闭杆和带绝缘的销孔等，绝缘应装设完整、性能良好。

17. 各种类型的转辙机、转换锁闭器或道岔表示及密贴检查装置应符合下列要求：

(1)能可靠地转换道岔。在尖轨与基本轨密贴后，将道岔锁闭在规定位置，并给出道岔位置的表示。

(2)正常转换道岔时,挤切销、挤脱器或保持联结装置应保证不发生挤切或挤脱。当道岔被挤时,同一组道岔上的转辙机(采用不可挤型转辙机时除外)或转换锁闭器、密贴检查装置的表示接点必须断开。

(3)安全接点应接触良好。在插入手摇把或钥匙时,安全接点应可靠断开,非经人工恢复不得接通电路。

(4)齿轮装置的各齿轮啮合良好,传动不磨卡,无过大噪声。

(5)各种类型的电液转辙机的油路系统不得出现渗漏和堵塞现象。

(6)整机密封性能良好,能有效防水、防尘。手摇把孔和钥匙孔处不漏水、不进尘土,机内无积水、无粉尘及杂物。各种零部件无锈蚀。

(7)机内配线的接线片和接线端子的螺母无松脱、虚接和滑扣现象。配线的绝缘层无损伤。

(二)道岔工电结合部应满足的要求

1. 道岔各部框架轨距、牵引点处开程、锁闭量应符合标准。

2. 尖轨、可动心轨、基本轨的爬行、窜动量不得超过 20 mm,限位铁两边应有间隙,尖轨、可动心轨、基本轨爬行、窜动不得影响道岔方正,造成杆件别劲、磨卡及外锁闭锁闭框调整孔无调整间隙。

3. 道岔的转换阻力不得大于电动(液)转辙机的牵引力,转辙机的牵引力应符合规定标准。

4. 尖轨、可动心轨无影响道岔转换、密贴的翘头、拱曲、侧弯、肥边和反弹,甩开转换道岔杆件,人工拨动尖轨、可动心轨,刨切部分应与基本轨、翼轨密贴。尖轨、可动心轨尖端至第一牵引点范围内其缝隙不应大于 0.5 mm,其余部位不应大于 1 mm。

5. 尖轨、可动心轨顶铁与轨腰的间隙均不应大于 1 mm,且间隙均匀。

6. 道岔转辙部位的轨枕间距符合标准,窜动不得造成杆件别劲、磨卡,影响道岔方正和道岔的正常转换。

7. 道岔转换时基本轨横移不得导致道岔的 4 mm 锁闭。道岔尖轨防跳限位器、各部轨距调整块作用良好,不得影响道岔正常转换,斥离尖轨游离不得造成道岔静态失去表示。

8. 尖轨、可动心轨底部与滑床台、辊轮间隙符合要求。

9. 滑床板无影响道岔转换的脱焊、断裂、塌陷、凹槽、侧斜等。

(三)外锁闭装置及安装装置技术要求

1. 外锁闭装置及安装装置在道床水平、轨枕位置准确,轨距标准及尖轨、可动心轨宏观密贴等部位达到安装技术标准的条件下方可安装外锁闭装置及安装装置。

2.外锁闭装置及安装装置应安装方正、平顺,可动部分在道岔转换过程中动作平稳、灵活,无别劲、卡阻现象。

3. 各牵引点和密贴检查部位的尖轨斥离位置与基本轨间动程和外锁闭装置的锁闭量定、反位两侧应均等，偏差应不大于 2 mm。

4. 装有电动(液)转辙机的分动外锁闭装置,在道岔开口(动程)符合要求时限位块与锁闭框间隙不大于 3 mm。

5. 钩型外锁闭装置除上述相关要求外，还应满足下列要求：

(1) 两侧基本轨上锁闭框的安装孔前后偏差不得大于 5 mm。

(2)尖轨外锁闭装置安装。锁闭杆连接应平直,与绝缘垫板、夹板配合良好。各牵引点两侧锁闭框中心及转辙机的动作杆应与锁闭杆成一直线,并与岔枕保持平行。在道岔转换过程中锁钩应动作平稳、灵活并与锁闭铁吻合良好,无别劲、卡阻现象。

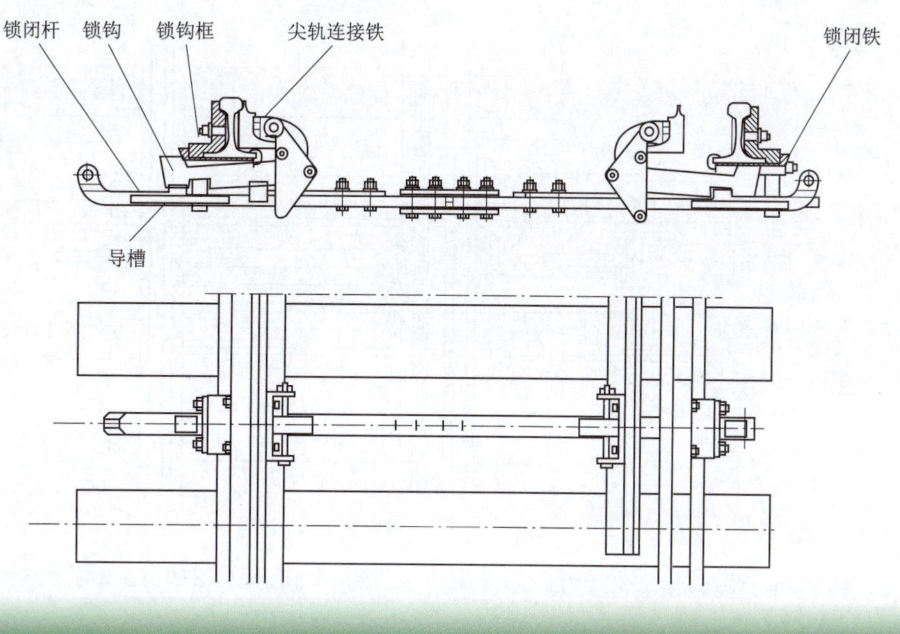

(3)安装装置及转辙机的安装。基础托板应与道岔直股基本轨垂直,转辙机垫板与托板垂直,托板与岔枕联结牢固。

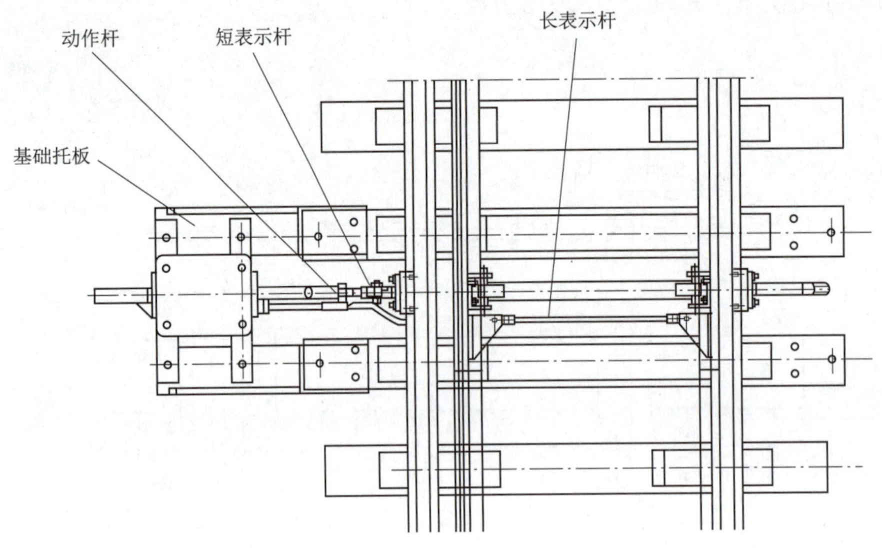

(4)锁闭框下部两侧的导向销(块)应有效地插入锁闭杆两侧导向槽内,不得松脱,不得接触锁闭杆。

(5)锁闭铁、锁钩与锁闭杆接触的摩擦面及运动范围内应保持清洁、油润、无锈蚀、无沙尘、无异物,运动灵活,无卡阻。

(6)锁钩头部孔内应注润滑油,保证道岔转换时,连接锁钩的销轴轴向窜动效果良好,能灵活调节锁钩转角。

(7)各处绝缘的安装应正确、不遗漏,并保持完整、绝缘良好。

(8)表示拉杆的接头与尖端铁的连接应牢固、不松动。

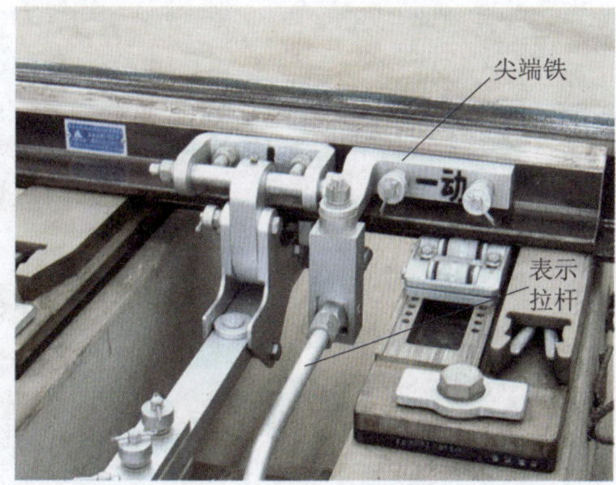

(9)表示杆、动作杆连接要平顺,无别卡,各连接销应置入或退出顺畅,不得强行敲击。

(10)可动心轨钩型外锁闭装置及安装装置应按照道岔的开向,正确选择锁闭框进行安装。

(11)道岔的尖轨(可动心轨)与基本轨(翼轨)的密贴应保持良好状态。

(12)在道岔转换过程中,锁钩两侧以及锁钩与锁闭铁的滑动面不能有异常磨痕。

6. 外锁闭、安装装置零件在使用过程中产生的磨耗,不应导致转换阻力增大影响道岔转换或不能调整尖轨(可动心轨)和基本轨(翼轨)的密贴,各部位磨耗和腐蚀量不应超过表 2-1 的规定。

表 2-1 各部位磨耗和腐蚀量限值

零件名称	使用处所	磨耗位置	磨耗限值(mm)
锁　钩	尖　轨	锁钩锁闭斜面	≤3.0
		锁钩锁闭平面	≤1.0
		锁钩槽外摩擦面	≤1.0
		锁钩槽内摩擦面	≤1.0
		锁钩衬套	≤2.0
	可动心轨	圆式锁钩和可动心轨摩擦面	≤3.0
		圆式锁钩锁闭面	≤2.0
		面式锁钩与可动心轨摩擦面	≤2.0
		锁钩下摩擦面	≤1.0
		锁钩槽外摩擦面	≤1.0
锁 闭 杆	尖轨、可动心轨	锁闭杆导向槽与导向销摩擦面	≤2.0
		锁闭杆导向槽与挡板摩擦面	≤1.0
		锁闭杆侧面与锁闭框摩擦面	≤1.0
	尖　轨	锁闭杆下摩擦面	≤0.5
		锁闭杆斥离位置时与锁钩摩擦面	≤2.0
		锁闭杆凸台推摩擦面	≤1.0
		锁闭杆凸台摩擦面	≤1.0

续上表

零件名称	使用处所	磨耗位置	磨耗限值(mm)
锁闭杆	尖轨	锁闭杆凸台拉摩擦面	≤1.0
	可动心轨	锁闭杆与挡板摩擦面	≤0.5
		锁闭杆凸台摩擦面	≤1.0
		锁闭杆支撑锁钩摩擦面	≤1.0
锁闭框	尖轨、可动心轨	锁闭框导向侧面	≤1.0
		锁闭框支撑面	≤2.0
锁闭铁	尖轨、可动心轨	锁闭铁锁闭面	≤3.0
锁闭框挡板	尖轨、可动心轨	挡板支撑面	≤1.0
销轴	尖轨、可动心轨	销轴与尖轨连接铁摩擦面	≤1.0
		销轴与锁钩衬套摩擦面	≤1.0
连接铁	尖轨、可动心轨	连接铁孔	≤2.0
表示杆、动作连接杆、弯板（角钢）	尖轨、可动心轨	表示杆销孔	旷量总和≤0.5
		动作连接杆销孔	旷量总和≤2.0
		杆件	锈蚀、磨耗量不大于杆件直径1/10
		弯板	锈蚀、磨耗量不大于弯板厚度1/10

二、轨道电路（与结合部相关维修标准）

1. 异型钢轨接头处，不得安装钢轨绝缘。

2. 轨道电路内的各种绝缘装置，均须保持绝缘良好。邻接轨道电路间钢轨绝缘破损时，轨道接收设备不应受邻接轨道电路电流影响而误动，轨道接收设备应有符合设计要求的防护措施，电码化轨道区段应采取串码防护措施。

3. 钢轨绝缘应做到钢轨、槽形绝缘、钢轨连接夹板（鱼尾板）相吻合，轨端绝缘安装应与钢轨接头保持平直。

4. 装有钢轨绝缘处的轨缝应保持在 6～10 mm，两钢轨头部应在同一平面，高低相差不大于 2 mm；在钢轨绝缘处的轨枕应保持坚固，道床捣固良好。

5. 在轨道电路区段内的道床，应保持清洁及排水良好。道砟面与钢轨底面的距离应保持在 30 mm以上。

6. 胶接式绝缘接头、粘接式绝缘轨距杆的绝缘电阻值应大于 1 MΩ。

第三节　工电结合部设备管理分工

一、道岔工电结合部设备管理分工

1. 道岔钢轨、辙叉、轨枕、滑床板、垫板、连接杆、拉杆、间隔铁、限位器、防跳限位装置、轨撑、顶铁、挡砟板、联结零配件、联结销、螺栓，岔枕上用于安装道岔安装装置的螺栓孔，提速道岔钢岔枕与钢轨联结螺栓的绝缘垫板及绝缘套管，可动心轨牵引点处联结铁（拉板）及其联结螺栓等由工务负责维修管理。

2. 道岔转辙机、密贴检查器、锁闭装置、导管装置、动作杆、表示杆、防踩板、安装装置（含绝缘），可动心轨道岔的锁闭板、锁闭板绝缘垫片及锁闭板与钢枕的联结螺栓，可动心轨牵引点拉板安装外锁闭的方孔及安装转辙机托板的螺栓，CN 道岔下拉装置、辙叉夹紧杆、辙叉连接柄及其紧固件由电务负责维修管理。

3. 岔枕等工务设备上用于安装电务设备的螺栓孔由电务负责检查，道岔钢岔枕与钢轨联结螺栓的绝缘垫板及绝缘套管由电务负责测试，发现失效时通知并配合工务修复。

4. 锰钢辙叉上的导电销由电务负责日常检查，工务负责维护；电务发现导电销脱落或无法安装跳线时，应通知并配合工务焊修。

5. 道岔辊轮安装、固定、维护由工务负责，辊轮调整由电务负责。辊轮及其部件缺失、脱落或破损时，由工务准备材料并安装恢复，电务负责调整。

二、钢轨绝缘等工电结合部设备管理分工

1. 分体式绝缘接头夹板及其螺栓等有关线路强度的金属部分由工务负责维护，保证电气特性的绝缘部分由电务负责维护。工务、电务发现绝缘接头不良需分解检查或更换时，应通知对方联合整治。

2. 胶接绝缘和本克拉绝缘接头、轨距杆、地锚拉杆由工务负责维护，保证电气特性的绝缘部分由电务负责测试，测试发现绝缘部分存在问题时由工务负责维修。工务、电务发现绝缘接头不良时，通知对方配合作业。

第四节　工电联合整治项目及标准

一、工电联合整治道岔项目及标准

（一）内锁闭道岔联合整治项目及标准

表 2-2　内锁闭道岔联合整治项目及标准

类别	项　目	整 治 要 求
几何尺寸	轨道几何尺寸	不超过验收标准
	尖轨、可动心轨动程	符合标准
	斥离尖轨非工作边与基本轨工作边的最小距离	不小于 63 mm[《普速铁路线路修理规则》(TG/GW 102—2019)第 3.9.4 条规定，斥离尖轨非工作边与基本轨工作边的最小距离为 65 mm 与轨距加宽值之和]
钢轨	基本轨上角钢安装孔位	两基本轨角钢安装孔相错量不影响角钢安装状态
	尖轨、基本轨肥边	肥边≤1 mm
	尖轨与基本轨密贴	尖轨尖端至第一牵引点处离缝≤1 mm，其他离缝≤2 mm
	尖轨与滑床台密贴	尖轨轨底与滑床台密靠，不得有连续空吊
	尖轨反弹力	活接头尖轨跟部固定装置作用良好，不得使尖轨产生弹性
		手摇无过大反弹力、转辙机解锁时尖轨无明显反弹

续上表

类别	项　　目	整 治 要 求
配件	轨撑	轨撑齐全，作用良好，与钢轨离缝≤2 mm
	顶铁	顶铁齐全，作用良好，0 mm<与尖轨间隙≤1 mm，且间隙均匀
	各类螺栓	螺栓齐全、作用良好，扭矩符合要求
	扣件	扣件齐全、扭矩达标、作用良好
	滑床台板	滑床台板作用良好、平直，无断裂、脱落，磨耗不大于 3 mm
	胶垫、垫板、弹条	胶垫窜动或歪斜≤10 mm，铁垫板、胶垫、弹条齐全良好
	连接销	销子与孔旷动，合计磨耗≤1 mm
岔枕	岔枕	防爬设备齐全，作用良好；木枕复交道岔采取联排锁定加固措施
		无失效，无空吊（≤2 mm）
绝缘接头	绝缘接头轨缝	6 mm<绝缘接头轨缝≤18 mm，减少轨缝变化量
		绝缘接头采用高强度绝缘件和紧固件，螺栓紧固良好
		绝缘接头轨端肥边≤2 mm
	绝缘	绝缘无破损，绝缘电阻值≥50 Ω

续上表

类别	项　　目	整 治 要 求
转换装置	密贴调整	尖轨第一牵引点处 2 mm 锁闭、4 mm 不锁闭
	开口销、销子	轨撑横穿螺栓、开口销齐全
		销子与孔径合计磨耗不大于 1 mm，表示拉杆销孔间隙不大于 0.5 mm
	各种连接杆	工务各连接安装应平直、撑紧
		电务各杆件安装应平直、无碰卡，活动部位无别劲，密贴调整杆空动距离>5 mm，动作杆、密贴调整杆应成一条直线，偏差<5 mm
		接头铁螺栓不缺少，不松动
		杆件调整丝扣余量不小于 10 mm，调整活动部位油润
	安装装置	安装应方正，偏差<10 mm
		角钢与轨底间隙>5 mm，角钢长边距枕木不小于 10 mm
		消除角形铁上端与基本轨轨头下颚、下端与基本轨轨底上面、小垫板与基本轨下端的缝隙
		安装装置绝缘良好、无破损
		安装弯板变形<10 mm，无锈蚀
其他	转辙机	动作电流：ZD6 单开道岔不大于 1.4 A，复交道岔不大于 1.8 A
		故障电流、拉力、溢流压力符合标准
	作业平台	硬面化不影响线路排水

(二)GW 型外锁闭装置道岔联合整治项目及标准

表 2-3　GW 型外锁闭装置道岔联合整治项目及标准

类型	项　　目	整 治 要 求
几何尺寸	轨道几何尺寸	不超过验收标准
	斥离尖轨非工作边与基本轨工作边的最小距离	不小于 63 mm[《普速铁路线路修理规则》(TG/GW 102—2019)第 3.9.4 条规定，斥离尖轨非工作边与基本轨工作边的最小距离为 65 mm 与轨距加宽值之和]
钢轨	基本轨上锁闭框安装孔位	两基本轨锁闭框安装孔相错量不大于 10 mm
	两尖轨相对位置	道岔两尖轨尖端相错量≤20 mm
	查照间隔	符合标准
	尖轨(可动心轨)与基本轨(翼轨)肥边	肥边≤1 mm
	尖轨(可动心轨)与基本轨(翼轨)密贴	尖轨第一牵引点前与基本轨、可动心轨第一牵引点前与翼轨的间隙<0.5 mm，其余部位间隙<1 mm
	尖轨(可动心轨)轨底与滑床台	尖轨(可动心轨)轨底与滑床台间隙<1 mm
	绝缘接头	120 km/h 以上区段应采用胶接绝缘接头
		绝缘接头轨端肥边≤2 mm
		绝缘电阻值≥20 Ω

续上表

类型	项　　目	整 治 要 求
配件	轨撑	轨撑齐全，作用良好，与钢轨离缝≤2 mm
	顶铁	顶铁齐全，作用良好；正线道岔 0 mm<与尖轨或可动心轨轨腰间隙≤0.5 mm，其他道岔 0 mm<与尖轨或可动心轨轨腰间隙≤1 mm，且间隙均匀
	各类螺栓	螺栓齐全、作用良好，扭矩符合要求
	辊轮	密贴状态下，1 mm≤尖轨轨底与辊轮间隙<2 mm，斥离状态下，1 mm≤尖轨轨底与滑床板间隙<3 mm，转换过程中辊轮与尖轨轨底接触
	扣件	扣件齐全、扭矩达标、作用良好，无碰绝缘夹板等造成短路现象
	轨距挡板	牵引点处轨距挡板与承轨槽挡肩密贴，钢轨与轨距挡板间隙不大于 1 mm
	滑床台板	滑床台板作用良好、平直，无断裂、脱落或磨耗超过 3 mm 现象；转辙器滑床台无油污，辙叉滑床台可涂固定润滑剂
	胶垫	胶垫窜动或歪斜≤10 mm
岔枕	有砟道岔岔枕	间距误差≤20 mm
		转辙设备前后岔枕设有防移位措施，无失效，空吊≤2 mm

续上表

类型	项目	整治要求
外锁闭和安装装置	安装装置	基础托板与混凝土岔枕垂直、平顺，道岔各部杆件安装偏移量≤10 mm
		转辙机外壳边缘与基本轨直线距离偏差＜5 mm
	外锁闭装置	尖轨、可动心轨各牵引点动程和锁闭量不超标，尖轨各牵引点处开口值符合标准，两侧偏差不大于 3 mm；可动心轨第一牵引点开口值符合标准，偏差不大于 2 mm
		尖轨、可动心轨各牵引点定反位锁闭量偏差不超标，且偏差位于同侧
		尖轨牵引点间有 10 mm 及以上间隙时(直向通过速度大于 160 km/h 道岔，密贴检查器处有 5 mm 间隙时)不应接通表示
		设表示杆的牵引点处密贴尖轨与基本轨、可动心轨与翼轨间有 4 mm 及以上水平间隙时，不应锁闭或接通道岔表示
		转换过程中，锁块与锁闭杆或限位器无卡磨；尖轨连接轴销与锁钩间灵活、无卡阻
		转换部件与钢岔枕或滑床台板的间隙＞10 mm
杆件	杆件	各表示杆与混凝土岔枕平行偏差≤10mm，长表示杆托架作用良好
		锁闭、连接、表示杆，其水平方向两端高低偏差＜5 mm(以基本轨工作面为基准)，各连接杆连接平顺，无别卡现象
		各部绝缘良好、无单边短路
		各连接杆的连接销与销孔磨耗间隙＜1 mm，表示杆销孔间隙＜0.5 mm

续上表

类型	项　　目	整 治 要 求
其他设备	转辙机	各部转辙机表示缺口符合标准
		液压转辙机主、副机同步良好
		转辙机摩擦力(溢流压力)符合标准
		转辙机动作杆、连接杆、锁闭杆成一直线,偏差≤5 mm
	作业平台	硬面化不影响线路排水

(三)CN 系列道岔联合整治项目及标准

表 2-4　CN 系列道岔联合整治项目及标准

类别	项　　目	整 治 要 求
几何尺寸	轨道几何尺寸	不超过验收标准
	斥离尖轨非工作边与基本轨工作边的最小距离	不小于 63 mm[《普速铁路线路修理规则》(TG/GW 102—2019)第3.9.4条规定,斥离尖轨非工作边与基本轨工作边的最小距离为 65 mm 与轨距加宽值之和]

续上表

类别	项　目	整治要求
钢轨	基本轨上锁闭框安装孔位	两基本轨锁闭框安装孔相错量不大于 10 mm
	两尖轨相对位置	道岔两尖轨尖端相错量≤20 mm
	尖轨(可动心轨)与基本轨(翼轨)肥边	肥边≤1 mm
	尖轨(可动心轨)与基本轨(翼轨)密贴	尖轨第一牵引点前与基本轨、心轨第一牵引点前与翼轨的间隙<0.5 mm,其余部位间隙<1 mm
	尖轨(可动心轨)底部与滑床板(台)	尖轨(可动心轨)底部与滑床板(台)间隙<1 mm
	绝缘接头	采用胶接绝缘接头
		绝缘接头轨端肥边≤2 mm
		绝缘电阻值≥20 Ω
配件	轨撑	轨撑齐全,作用良好,与钢轨离缝<1 mm
	顶铁	顶铁齐全,作用良好;正线道岔 0 mm<与尖轨或可动心轨轨腰间隙≤0.5 mm,其他道岔 0 mm<与尖轨或可动心轨轨腰间隙≤1 mm,且间隙均匀
	各类螺栓	螺栓齐全、作用良好,扭矩符合要求
	辊轮	斥离状态下,0.7 mm≤尖轨轨底与滑床板间隙<2 mm
	扣件	扣件齐全、扭矩达标、作用良好,无碰绝缘夹板等造成短路现象

续上表

类别	项　目	整 治 要 求
配件	铁垫板	钢轨轨底与铁垫板挡肩的间隙不大于 1 mm
	滑床台板	滑床台板作用良好、平直，无断裂、脱落或磨耗超过 3 mm 现象；转辙器滑床台无油污，辙叉滑床台可涂固体润滑剂
	胶垫	转辙部位胶垫窜动或歪斜≤10 mm
岔枕	有砟道岔岔枕	尖轨牵引点岔枕间距：(620＋20) mm；心轨牵引点岔枕间距：(670＋20) mm
		转辙设备前后岔枕设有防移位措施，无失效，空吊≤2 mm
外锁闭和安装装置	安装装置	拉连杆成一条直线并垂直于直基本轨，各部件安装偏移量≤10 mm；辙叉区域拉连杆成一直线并垂直于辙叉角分线
		转辙机外壳边缘与基本轨直线距离偏差＜5 mm
	外锁闭装置	尖轨、可动心轨各牵引点定、反位锁闭量偏差不大于 2 mm
		尖轨、可动心轨的密贴段范围内，各牵引点中心线处尖轨与基本轨、可动心轨与翼轨间有 4 mm 及以上间隙时，锁闭机构不得锁闭及接通道岔表示
		密贴检查器拉杆处尖轨与基本轨间有 5 mm 及以上间隙时，不能接通表示
		转换过程中，辊轮与锁闭杆、锁闭杆与锁闭框无卡磨；尖轨销接支架灵活、无卡阻
		锁闭辊轮弹性良好，锁闭机构磨耗不超限
		转换部件与轨枕或滑床板间隙＞10 mm

续上表

类别	项　　目	整 治 要 求
外锁闭和安装装置	杆件	各表示杆垂直于基本轨，偏差≤10 mm
		各部绝缘良好、无单边短路
		各连接杆的连接销与销孔磨耗间隙<1 mm，表示杆销孔间隙<0.5 mm
其他设备	转辙机	过车状态下，转辙机内表示缺口变化<2 mm，且不撞击缺口
		转辙机摩擦力（溢流压力）符合标准
		转辙机动作杆、连接杆、锁闭杆成一直线，偏差≤5 mm
	作业平台	硬面化不影响线路排水

(四)CZ系列道岔联合整治项目及标准

表 2-5　CZ 系列道岔联合整治项目及标准

类别	项　目	整治要求
几何尺寸	轨道几何尺寸	不超过验收标准
	斥离尖轨非工作边与基本轨工作边的最小距离	不小于 63 mm[《普速铁路线路修理规则》(TG/GW 102—2019)第3.9.4条规定,斥离尖轨非工作边与基本轨工作边的最小距离为 65 mm 与轨距加宽值之和]
钢轨	查照间隔	符合标准
	尖轨(可动心轨)与基本轨(翼轨)肥边	肥边≤1 mm
	尖轨(可动心轨)与基本轨(翼轨)密贴	尖轨第一牵引点前与基本轨、心轨第一牵引点前与翼轨的间隙<0.5 mm,其余部位间隙<1 mm
	尖轨(可动心轨)底部与滑床台	尖轨(可动心轨)底部与滑床台间隙<1 mm
	绝缘接头	采用胶接绝缘接头
		绝缘接头轨端肥边≤2 mm
		绝缘电阻值≥20 Ω

续上表

类别	项　目	整治要求
配件	轨撑	轨撑齐全，作用良好，与钢轨缝隙≤2 mm
	顶铁	顶铁齐全，作用良好；正线道岔 0 mm＜与尖轨或可动心轨轨腰间隙≤0.5 mm，其他道岔 0 mm＜与尖轨或可动心轨轨腰间隙≤1 mm，且间隙均匀
	连接杆	各连接杆和连杆连接平顺，绝缘良好
		各连接销与销孔间的磨耗旷量≤0.5 mm
	各类螺栓	螺栓齐全、紧固，扭矩符合要求
	辊轮	密贴状态下，1 mm≤尖轨轨底与辊轮间隙＜2 mm；斥离状态下，1 mm≤尖轨轨底与滑床板间隙＜3 mm，转换过程中辊轮与尖轨轨底接触
	扣件	扣件齐全、扭矩达标、作用良好，无碰卡绝缘夹板等造成短路现象
	轨距挡板	牵引点处轨距挡板与承轨槽挡肩密贴，钢轨与轨距挡板间隙不大于 1 mm
	滑床台板	滑床台板作用良好，平直、无断裂，无脱落或磨耗超过 3 mm 现象；转辙器滑床台无油污，辙叉滑床台可涂固体润滑剂
	胶垫	转辙部位胶垫窜动或歪斜≤10 mm
岔枕	有砟道岔岔枕	间距误差≤20 mm
		无失效、无空吊（≤2 mm）

续上表

<table>
<tr><th>类别</th><th>项　　目</th><th>整 治 要 求</th></tr>
<tr><td rowspan="14">外锁闭和道岔安装装置</td><td rowspan="3">安装装置</td><td>基础托板安装与岔枕垂直、平顺，道岔各部件安装偏移量≤10 mm</td></tr>
<tr><td>转辙机外壳边缘与基本轨垂直距离偏差<5 mm</td></tr>
<tr><td>基础托板、导管装置、固定螺栓磨耗和锈蚀不超标</td></tr>
<tr><td rowspan="5">外锁闭装置</td><td>尖轨、可动心轨锁闭检查器处、各连接杆中心处开口值符合标准，两侧偏差不大于 1 mm</td></tr>
<tr><td>尖轨、可动心轨锁闭检查器处定反位锁闭量偏差不超标(≤2 mm)</td></tr>
<tr><td>锁闭检查器、密贴检查器处尖轨与基本轨之间有 5 mm 间隙可接通道岔表示，6 mm 间隙不得接通道岔表示</td></tr>
<tr><td>可动部分在道岔转换过程中动作平衡、灵活，无别劲卡阻</td></tr>
<tr><td>转换部件与岔枕、滑床台板及石砟面的间隙>10 mm</td></tr>
<tr><td rowspan="4">杆件</td><td>各连接杆和连杆连接平顺，绝缘良好，无单边短路，绝缘电阻值≥20 Ω</td></tr>
<tr><td>各部螺栓不松动；丝扣余量≥5 mm；开口销齐全，作用良好</td></tr>
<tr><td>各连接销与销孔间的磨耗旷量≤1 mm</td></tr>
<tr><td>尖轨处于中间动程位置(转辙机处于中间动程)时，各弯杆传力杆(拐肘长臂)和平衡梁(一字拐)与直基本轨垂直</td></tr>
<tr><td rowspan="3">其他设备</td><td rowspan="2">转辙机</td><td>正常转换道岔时，转辙机内部电机组无异常声音，操纵时动作平稳</td></tr>
<tr><td>转辙机安装螺栓无锈蚀</td></tr>
<tr><td>作业平台</td><td>硬面化不影响线路排水</td></tr>
</table>

（五）CTS2 型道岔联合整治项目及标准

表 2-6　CTS2 型道岔联合整治项目及标准

类别	项　目	整 治 要 求
几何尺寸	轨道几何尺寸	不超过验收标准
	斥离尖轨非工作边与基本轨工作边的最小距离	不小于 63 mm[《普速铁路线路修理规则》(TG/GW 102—2019)第 3.9.4 条规定，斥离尖轨非工作边与基本轨工作边的最小距离为 65 mm 与轨距加宽值之和]
钢轨	爬行	尖轨爬行≤20 mm
	查照间隔	符合相关要求
	尖轨、基本轨肥边	肥边≤1 mm
	尖轨与基本轨密贴	尖轨尖端至第一牵引点处离缝≤0.5 mm，其他离缝≤1 mm
	尖轨与滑床台	各牵引点处四块滑床板离缝≤1 mm，其他处≤2 mm，且无连续空吊
	基本轨横移	基本轨横移≤1 mm
	接头无错牙	轨面或作用边错牙≤1 mm
	绝缘接头	绝缘接头轨端肥边≤2 mm
		绝缘无破损，绝缘电阻值≥20 Ω

续上表

类别	项　　目	整治要求
配件	轨撑	轨撑齐全，作用良好，与钢轨轨头下颚或垫板挡肩离缝≤2 mm
	顶铁	顶铁齐全，作用良好，0 mm<与尖轨间隙≤1.0 mm，且间隙均匀
	各类螺栓	螺栓齐全、作用良好，扭矩符合要求
	扣件	扣件齐全、扭矩达标、作用良好，无碰绝缘夹板等造成短路现象
	滑床板	滑床板作用良好、平直，无断裂、脱落或磨耗超过 3 mm 现象
	胶垫	转辙部位胶垫窜动或歪斜≤10 mm
	其他配件	齐全、作用良好
钢岔枕（转辙机）	钢岔枕（转辙机）	钢枕（锁闭单元）的中心距两边基本轨的距离 75.25 mm
		钢岔枕起伏不超过 4 mm
		无失效，无空吊（≤2 mm）
		钢枕单元绝缘板固定良好、无窜出
		钢枕单元内部、外部清洁，排水孔通畅

续上表

类别	项　　目	整 治 要 求
钢岔枕（转辙机）	转辙机滑床板	转辙机滑床板齿板与钢枕齿板啮合平整
		转辙机自润塑料滑床板的厚度及高度符合标准
	道岔安装螺栓	安装螺栓紧固、无松动，备帽、开口销齐全
动程及尖轨开程	转辙机动程及尖轨开程的检查与调整	测量第一牵引点为：155～160 mm，第二牵引点为：75～80 mm，第一牵引点的开程为 152～157 mm
道岔密贴	道岔密贴状态	第一牵引点 2 mm 锁闭，4 mm 不锁闭，第二牵引点 3 mm 锁闭，6 mm 不锁闭
		密贴力测试符合标准
作业平台	硬面化平台	硬面化不影响线路排水

二、钢轨绝缘整治标准及测试方法

(一)工务标准

1. 绝缘接头处应使用厂制标准长度钢轨,使用非标准长度钢轨时,应将厂制端放在绝缘接头一侧。

2. 接头处轨枕无失效,扣件应保持齐全,作用良好。

3. 装有钢轨绝缘处的轨缝宽度:胶接绝缘应保持 6 mm,分体绝缘应保持 6～15 mm。轨缝两端钢轨轨头部位应保持平顺,高低相差不大于 2 mm,无低塌接头和轨面错牙、接头肥边。

4. 接头处道床应经常保持饱满、均匀、排水良好,无翻浆冒泥。

5. 正线上的绝缘接头必须采用高强螺栓及高强度钢平垫紧固件。

6. 高强度绝缘接头应采用符合标准的绝缘鱼尾板和紧固件,无毛刺及凹凸不平缺陷。

7. 高强度绝缘接头螺栓应从钢轨两侧交叉配置,不得从一侧安装,安装后确保扭矩不小于 700 N·m。

8. 绝缘拉杆、尖轨连接杆的绝缘性能良好,安装状况良好,绝缘拉杆无接触轨底导致导电的现象。

(二)电务标准

1. 高强度绝缘接头的绝缘件应采用高强度绝缘。严禁有裂纹、变形、缺陷绝缘件上道使用。

2. 安装钢轨绝缘接头时要做到钢轨、槽型绝缘、接头夹板(鱼尾形板)吻合良好,轨端绝缘安装应与钢轨接头保持平直,工字绝缘头部不得高于轨面,两者相差不大于 2 mm,高强绝缘垫有凹槽的一面,应贴靠在高强度绝缘钢平垫的一侧,钢平垫的外侧不得增设弹簧垫圈。

(三)测试标准及方法

1. 上道前胶接绝缘测试。

(1)测试标准。

①胶接绝缘接头:上道铺设前,应将厂制胶接绝缘接头搁置在干燥的绝缘体上测量绝缘电阻,两钢轨间、钢轨与夹板间的绝缘电阻应大于 1 000 Ω。

②胶接绝缘夹板:上道铺设前,在干燥状态下电阻值大于 20 MΩ 为合格。在潮湿状态下电阻值大于 1 000 Ω 为合格。

(2)测试方法。

①干燥状态绝缘电阻测试:

a. 胶接绝缘接头:用 500 V 兆欧表测量两钢轨间以及钢轨与夹板间的电阻值。

b. 胶接绝缘夹板(带槽型钢板):用 500 V 兆欧表测量两块槽型钢板以及槽型钢板与夹板间的电阻值。

c. 胶接绝缘夹板(或无槽型钢板):将胶接绝缘夹板组装在专用绝缘测量台上,测量夹板与测量台钢轨间的电阻值。

②潮湿状态绝缘电阻测试:

a. 胶接绝缘接头:在端板处浇水 2 L,1~2 min 间用不低于 10 V 的万用表测量两钢轨间以及钢轨与夹板间的电阻值。

b. 胶接绝缘夹板(带槽型钢板):经浸水 30 s,取出后在自然平放状态下,60 s 内用不低于 10 V 的万用表测量两块槽型钢板以及槽型钢板与夹板间的电阻值。

c. 胶接绝缘夹板(或无槽型钢板):经浸水 30 s 后,将胶接绝缘夹板组装在专用绝缘测量台上,60 s 内用不低于 10 V 的万用表测量夹板与测量台钢轨间的电阻值。

2. 上道后绝缘在线测试:

使用轨道绝缘在线测试工具测试绝缘参考电阻值,轨端绝缘预警值不小于 20 Ω、钢轨与夹板间电阻预警值不小于 100 Ω。

3. 日常检查测试:

(1)胶接绝缘:轨端绝缘下降且小于 20 Ω 或钢轨与夹板间电阻小于 100 Ω,应实行预警管理。

(2)分体绝缘:轨端绝缘小于 20 Ω 或钢轨与夹板间电阻小于 100 Ω,应立即分解检查处理。

(3)轨距杆绝缘:两端绝缘小于 20 Ω、中间金属部分与两端小于 100 Ω,应立即更换。

(4)地锚拉(撑)杆:两端绝缘小于 20 Ω,应立即更换。

第三章　道岔结合部病害原因分析

道岔工电结合部病害主要存在于转辙部及可动心轨部分，分析尖轨及可动心轨在转换过程中的受力状态，减小尖轨及可动心轨转换阻力是工、电联合整治道岔的目标之一。下面从分析“反弹、卡阻、爬行、松动、离缝”现象入手，找出原因，有针对性地采取整治措施，克服道岔工电结合部病害的发生，避免或是减少对行车安全的影响。

道岔绝缘由于其结构与线路比较复杂，既有工务管理的又有电务管理的，因此一旦发生红光带，查找起来比较麻烦，通过分析产生红光带的原因，提出相应的整治措施。

第一节 反弹病害原因分析

反弹：主要是指尖轨（可动心轨）处于自由状态靠向基本轨（翼轨）时，出现的刚性反弹。反弹量少则几毫米，多则十几毫米，甚至更多。这种反弹现象主要有两种情况，一种是指在道岔密贴范围内尖轨（可动心轨）尖端先于第一连接杆中后部与基本轨（翼轨）密贴；另一种是指在道岔密贴范围内尖轨（可动心轨）在第一连接杆中后部先于尖轨（可动心轨）尖端与基本轨（翼轨）密贴。

反弹现象第一种情况

反弹现象第二种情况

一、原因分析

1. 内锁闭道岔尖轨框架组装不合标准。尖轨拉杆或连接杆的长度不符合标准、拉杆或连接杆安装位置错误。为了调整尖轨密贴，单转辙机的道岔只把尖轨尖端第一拉杆的接头铁进行夹片，没有对其他连接杆接头铁进行夹片；双转辙机道岔只是把转辙机动作杆相连接的拉杆接头铁进行了夹片，没有对其他连接杆进行夹片，使尖轨框架内部产生应力，在尖轨转换时产生反弹。

2. 基本轨轨距(或框架尺寸)、翼轨框架尺寸、曲基本轨弯折点尺寸不符合标准。直基本轨不直,曲基本轨在尖轨刨切范围内存在向内矢度。

3. 间隔铁型尖轨跟端过死，双头螺栓损坏或不标准，间隔铁、双头螺栓异经、接头夹板内侧磨耗，间隔铁孔眼大，造成双头螺栓不起作用；尖轨跟端距离尺寸小于标准尺寸，在尖轨顶铁的影响下，导致尖轨尖端在转换时产生反弹。

4. 尖轨(可动心轨)中后部滑床板过硬,造成尖轨(可动心轨)在转换时后部转换不到位,再次转换时尖轨(可动心轨)尖端产生反弹。

5. 尖轨(可动心轨)存在侧弯。尖轨(可动心轨)转换时,尖轨(可动心轨)尖端先密贴,尖轨(可动心轨)中后部受侧弯影响产生不足位移,再次转换时尖轨(可动心轨)尖端产生反弹。

6. 18 号(不含 18 号道岔)以上无缝道岔铺设于列车侧向通过速度较高的线路所或是车站，可动心轨跟端一般采用双肢弹性可弯式结构，这种结构的可动心轨辙叉的长短心轨分别与岔后无缝线路连接，受连接无缝线路在季节变化时钢轨热胀冷缩的影响，如果岔后连接线路爬行不均匀时，长短心轨会产生一股爬行量大、另一股爬行量小的不均匀爬行，在冬季时长短心轨这种不均匀爬行会更明显；特别是位于主干线或直股侧心轨的比次要干线或曲股侧心轨的爬行量要大，导致心轨侧弯，影响可动心轨与翼轨密贴或是在转换时可动心轨发生反弹。

7. 跨区间无缝道岔在温度力、钢轨伸缩位移影响下，尖轨与基本轨间受间隔铁、限位器影响，尖轨跟端至最后拉杆之间受力形成侧弯，在转换时尖轨尖端发生反弹。

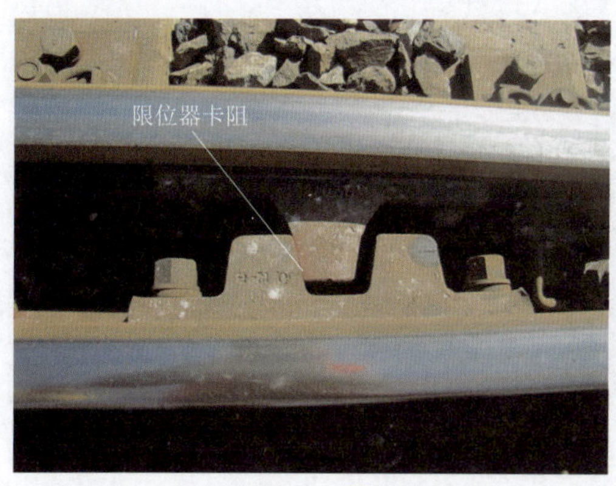

8. 内锁闭道岔尖轨拉杆(连接杆)与接头铁的连接销锈蚀或联结螺栓过紧,使拉杆(连接杆)与接头铁之间没有活动间隙,尖轨形成刚性框架,在转换时尖轨产生反弹。

9. 尖轨与基本轨密贴调整时密贴过紧。日常调整密贴时，由于电务现场作业人员存在调整试验 2 mm/4 mm后再紧固备帽螺栓的作业习惯，容易导致尖轨与基本轨密贴过紧，在转换时尖轨发生反弹。

10. 尖轨(可动心轨)顶铁过长或是整治顶铁间隙时夹调整片过多没有及时进行调整,致使尖轨(可动心轨)中后部受顶铁过长影响形成侧弯,在转换时尖轨(可动心轨)尖端产生反弹。

11. 防跳限位装置调整不当,使斥离尖轨轨底边缘与铁卡接触,或是斥离尖轨轨底边缘与铁卡之间存在异物,在转换时尖轨产生反弹。

二、影响分析

1. 道岔反弹力大，加上列车碾压、振动产生的横向力，容易使转辙机挤切销或尖端铁与道岔表示杆连接销折断。

2. 电机齿条块与齿轮啮合过紧，道岔容易产生不解锁现象，电机有电不转换。

3. 道岔密贴杆与表示杆在转换时不同步，受列车碾压、振动产生的影响，表示杆缺口容易发生变化。

4. 尖轨与基本轨、可动心轨与翼轨不密贴，有缝隙。

第二节　卡阻病害原因分析

卡阻主要是指尖轨(可动心轨)在轨换过程中受到与之相关联设备或其他原因影响,致使尖轨(可动心轨)出现无法转换或转换不到位的一种道岔故障。

一、原因分析

1. 由于尖轨(可动心轨)竖向约束力较小,当其受车轮动态竖向力作用时,尖轨(可动心轨)与滑床板产生相对位移,使滑床台产生压磨凹槽,滑床台面形成台阶;滑床板变形,导致尖轨(可动心轨)无法转换或是转换不到位。

2. 滑床板开焊、折断使滑床台错位、翘起，滑床台折断，导致尖轨(可动心轨)无法转换或是转换不到位。

3. 滑床台面锈蚀、脏污，在尖轨转换时阻力增大，导致尖轨无法转换或是转换不到位。

台面锈蚀

台面脏污

4. 交分道岔双转辙部位两内侧尖轨尖端滑床板处绝缘垫板浮起，导致尖轨无法转换或是转换不到位。

5. 滑床板辊轮缺油锈蚀、辊轮轴折断或是辊轮安装不正确，导致尖轨无法转换或是转换不到位。

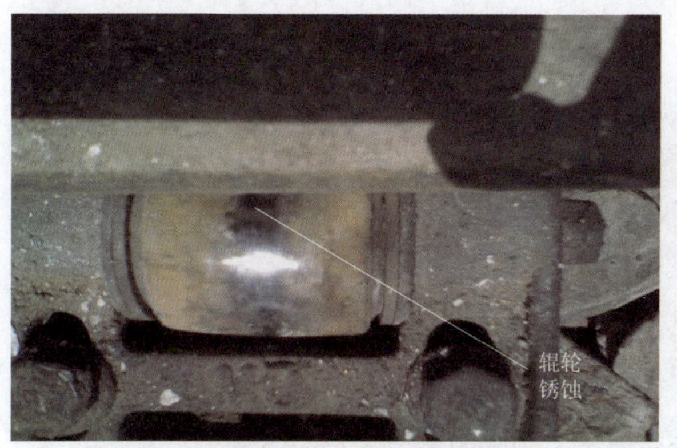

6. 滑床板高低不一致。部分滑床板胶垫腐蚀、压溃，胶垫腐蚀、压溃的滑床板在起道捣固作业时高于其他滑床板，转辙部、可动心轨辙叉存在高低不平顺、岔枕空吊使滑床板高度不在一个平面，尖轨（可动心轨）受滑床板高低不一致的影响，导致尖轨（可动心轨）无法转换或是转换不到位。

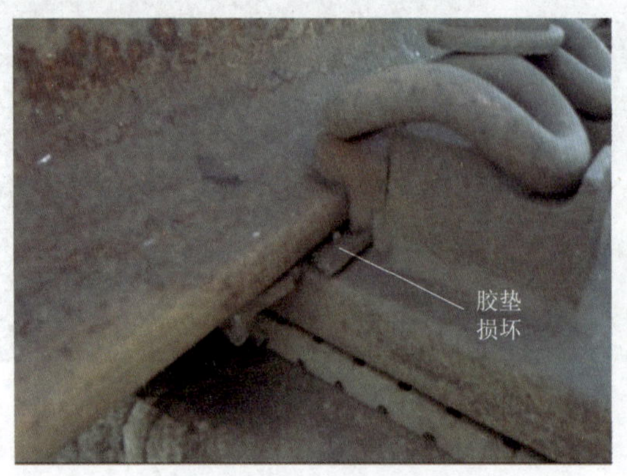

7. 有砟道岔尖轨(可动心轨)前部受转辙机杆件影响,在起道捣固时岔枕捣固不密实,使尖轨(可动心轨)前部出现空吊、暗坑,尖轨(可动心轨)尖端出现悬空,尖轨(可动心轨)轨底与滑床板离缝,尖轨防跳台高于基本股轨头下颚,可动心轨防跳台顶面与防跳间隔铁接触,在尖轨(可动心轨)在转换时,导致尖轨(可动心轨)无法转换或是转换不到位。

8. 尖轨尖端防跳台与基本轨轨头下颚卡阻。主要原因是尖轨塌腰、尖轨中后部至跟端比尖轨尖端低，或是尖轨尖端岔枕存在空吊等原因，使尖轨尖端产生翘尖，导致尖轨转换不到位。

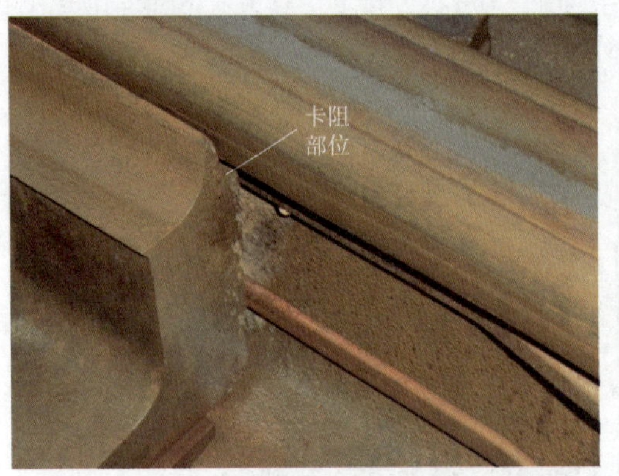

9. 尖轨非作用边或是基本轨作用边存在肥边，导致尖轨转换不到位。

10. 尖轨、基本轨伤损掉块，夹在滑床板处尖轨与基本轨间，导致尖轨转换不到位。

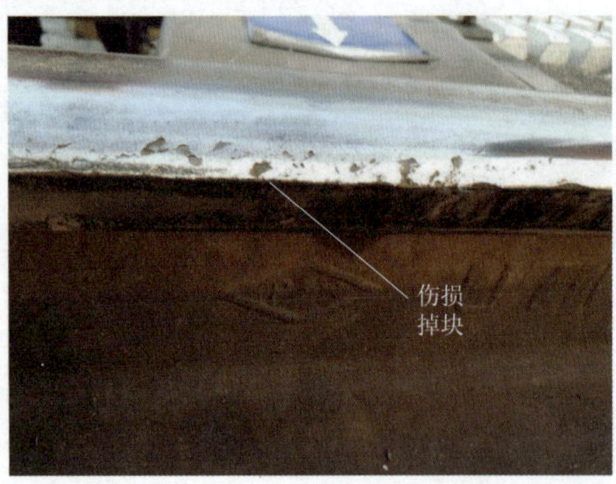

11. 尖轨存在拱腰，尖轨中部与基本轨轨头下颚产生卡阻。

尖轨拱腰产生原因：

(1)尖轨和导轨的接头轨缝不标准，出现接头错牙、大轨缝等不平顺现象，当列车车轮通过时，产生附加动力。附加动力会使尖轨磨耗、轧伤，尖轨产生拱腰。

(2)尖轨尖端受转辙机转换杆件、尖轨跟端受结构影响，尖轨尖端、跟端处岔枕无法捣固密实；尖轨跟端桥式垫板内侧 6 mm 平台缺少，平台磨耗后厚度不足 6 mm；跟端夹板、间隔铁磨耗等原因，尖轨产生拱腰。

(3)尖轨跟端联结零件的磨耗、缺损，转辙器拉杆、连杆弯曲以及其他原因，尖轨产生拱腰。

(4)尖轨在线下存放不当，铺设上道以后产生拱腰。

12. 尖轨、基本轨、可动心轨、翼轨发生折断，特别是在转辙机附近发生折断时，导致尖轨（可动心轨）无法转换或是转换不到位。

13. 尖轨、长心轨在进行刨切加工时，从尖轨、长心轨刨切起点开始，往尖轨、长心轨尖端方向的断面是不断变小的，尖轨（可动心轨）与基本轨（翼轨）之间的断面形成楔形；由于尖轨（可动心轨）在全长范围内只是尖轨（可动心轨）跟端进行了固定，在气温变化时，尖轨（可动心轨）会发生前后爬行，当尖轨（可动心轨）往尖端爬行时，尖轨（可动心轨）与基本轨（翼轨）产生楔形运动，导致外锁闭锁钩过紧，尖轨（可动心轨）出现解锁困难的设备故障。

尖轨锁钩变紧

心轨锁钩变紧

14. 尖轨(可动心轨)与基本股(翼轨)不密贴,过车时状态不稳定,容易导致尖轨(可动心轨)无法转换或是转换不到位。

15. 可动心轨卡阻在提速道岔中较多，但是随着高速铁路道岔的运营时间增加，高速铁路道岔也出现了可动心轨卡阻现象，二者有一定的区别。提速道岔可动心轨卡阻在 60 kg/m 钢轨 38 号道岔中较多，并且多受气候、温差的影响，特别是气候变化较大时，在可动心轨前三个牵引点处，可动心轨从斥离状态向密贴状态转换过程中会出现可动心轨卡阻。

高速道岔可动心轨卡阻主要表现为：可动心轨部位长心轨尖端处防跳台与防跳间隔铁卡阻，造成可动心轨转换别劲、不流畅现象，称为可动心轨卡阻。对于高速铁路道岔一旦出现可动心轨卡阻现象会使可动心轨转换不到位，影响到行车安全，高速铁路可动心轨卡阻有理论设计和制造上的原因，也有铺设上的原因，还有运营后温度差变化的原因。

(1)在理论设计时，间隙较小，未考虑铺设情况。在设计长心轨尖端处防跳台与防跳间隔铁时，间隙小于 25 mm，铺设时又没有考虑现场具体情况，使间隙变小，因此使道岔在防止卡阻方面存在先天不足。

(2)道岔组装时，未考虑零部件的制造公差，现场铺设时道岔水平稍有偏差，容易造成可动心轨卡阻。

(3)道岔在厂内组装时，应严格保证活动零部件的活动间隙。

(4)运营过程中由于温度变化造成可动心轨尖端部位爬行，导致锁钩与锁杆不在同一直线上，从而使转换阻力大于 6 kN。

16. 可动心轨辙叉是由翼轨、长心轨、短心轨、叉跟尖轨及联结零件等组成的拼装式结构，利用间隔铁和高强度螺栓将心轨跟端（或叉跟尖轨）与翼轨跟端牢固联结，形成稳定、可靠的框架及传力结构。区间钢轨传来的纵向温度力传至心轨跟端，再由间隔铁摩擦阻力传至翼轨跟端，在克服翼轨的扣件纵向阻力、辙叉垫板的摩擦阻力和道床阻力之后，经趾端翼轨传递至直、曲导轨上。若纵向温度力过大，间隔铁纵向位移过量，间隔铁螺栓将受剪弯曲并传力，严重时会剪断螺栓，并使可动心轨尖端产生较大纵向位移，易发生转换卡阻、转换凸缘爬台等病害。

17. 转辙机处岔枕间隔不标准，由于安装转辙机杆件的两岔枕间缺少石砟，使岔枕发生向杆件方向横移，岔枕刮碰杆件，导致尖轨无法转换或是转换不到位。

18. 外锁闭装置卡阻故障在道岔转换不良故障中比较常见，可归纳为“不解锁”和“不锁闭”两大类故障。

(1)发生“不解锁”故障有以下原因：

①锁钩的锁闭面与锁闭铁的锁闭面接触面积发生变化；

②锁钩不能在轴上移动，阻力加大；

③锁闭拉板在锁闭框中有别卡现象。由于尖轨和基本轨爬行，使基本轨上的锁闭框、尖轨上的连接铁发生相对位移，改变了尖轨和基本轨的设计位置。

(2)发生“不锁闭”故障有以下原因：

①锁钩在尖轨伸缩时没有在轴上移动，锁钩的锁闭面、锁闭铁的锁闭面与锁钩轴三者不在同一平行线上；

②锁闭拉板在锁闭框中有别卡现象(由于锁闭框随基本轨移动，锁钩轴随尖轨移动，锁闭拉杆相对固定在岔枕上)，造成锁闭阻力大。

19. 外锁闭道岔定、反位内表示杆与机体摩卡。由于道岔是通过独立的长、短表示杆与机内的定、反位内表示杆连接的，在安装杆件或调试道岔缺口时，紧固外表示杆很容易造成相应的内表示杆水平翻转，使本应在垂直方向密贴的两机内表示杆在上端或下端出现张口，在道岔转换时出现机内表示杆与转辙机机体方孔套摩卡，增加尖轨(可动心轨)转换阻力。

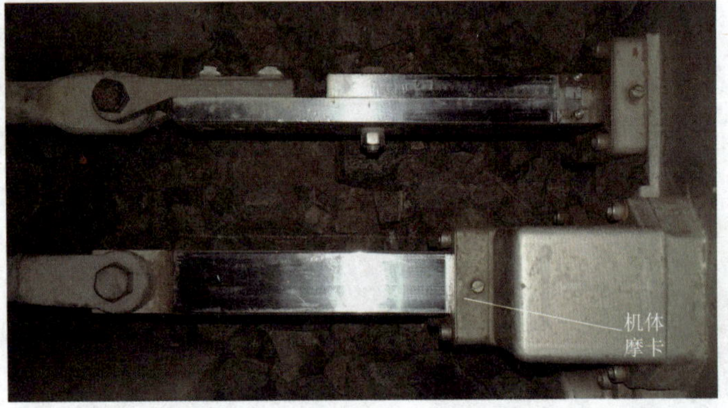

20. 锁闭框安装位置不正。安装在基本轨(翼轨)上的锁闭框位置不正，锁闭框中线与外锁闭杆的中心线不在垂直方向重合，致使尖轨(可动心轨)在转换过程中，锁闭框与外锁闭杆侧边磨卡、限位铁与外锁杆磨卡、固定在锁闭框的定位螺栓与锁闭杆磨卡，导致尖轨(可动心轨)发生无法转换或是转换不到位。

21. 外锁闭道岔由于锁钩通过尖轨连接铁安装在尖轨上，锁闭框安装在基本轨上，转辙机通过托盘安装在岔枕上，锁闭杆通过两个锁闭框与转辙机动作杆相连接，而锁闭框内空间距每边只有1.5 mm间隙。随着尖轨和基本轨、岔枕之间的相对位移发生变化，道岔的转换阻力会增加，随着天气的变化，导致尖轨无法转换或是转换不到位。

22. 外锁闭道岔两表示杆张口，道岔表示杆由独立的长、短表示杆与机内的定、反位内表示杆连接。在安装杆件或调整道岔缺口时，紧固外长表示杆很容易造成内表示杆水平翻转，使本应在垂直方向基本密贴的两根内表示杆在上端或下端出现张口。在转换时内表示杆与转辙机机体方孔套磨卡，增加附加转换阻力，导致尖轨（可动心轨）无法转换或是转换不到位。

23.外锁闭道岔锁闭铁、锁闭杆、锁闭框、锁钩表面有油垢、泥土等,导致尖轨(可动心轨)无法转换或是转换不到位。

24. 外锁闭道岔在季节温度变化时密贴调整不当，在温度上升时，容易发生锁钩过紧，致使尖轨(可动心轨)无法解锁或是无法锁闭。

25. 密贴检查器安装在岔枕上，表示杆安装在尖轨上，尖轨爬行或是岔枕横移，容易使表示杆发生偏斜产生别劲，或是密检器表示杆锈蚀使尖轨在转换时出现卡阻、无表示情况。

26. 防跳间隔铁、防跳顶铁松动，防跳间隔铁与可动心轨前端防跳台顶面、防跳顶铁与尖轨或可动心轨轨底间距不符合规定尺寸，防跳间隔铁与可动心轨前端防跳台顶面、顶铁前端下倾与尖轨或可动心轨轨底发生刮碰，导致尖轨（可动心轨）无法转换或是转换不到位。

27. 尖轨防跳限位装置螺栓缺少、松动使铁卡内侧与尖轨轨底边缘卡阻；销轴开口销脱落，防跳辊轮或是销轴脱落掉入尖轨轨底边缘与铁卡之间产生卡阻，防跳辊轮下存在异物，导致尖轨转换不到位。

28.防跳限位装置调整不当，外锁闭道岔斥离尖轨轨底边缘与铁卡产生卡阻，导致尖轨转换不到位。

29. 转辙部位、可动心轨关键部位螺栓松动脱落，极易造成卡阻。具体包括：

(1)尖轨(可动心轨)顶铁水平螺栓折断、松动脱落，掉入尖轨(可动心轨)与基本轨(翼轨)之间；顶铁受螺栓松动脱落影响前端下倾或是脱落，与尖轨(可动心轨)轨底接触，导致尖轨(可动心轨)转换不到位。

(2)可动心轨长短心轨联结螺栓、长短心轨与间隔铁联结螺栓折断、松动脱落掉入可动心轨与翼轨之间,导致可动心轨无法转换或是转换不到位。

(3)滑床板辊轮定位螺栓松动、上框架浮起刮碰尖轨轨底,导致尖轨无法转换或是转换不到位。

(4)尖轨(可动心轨)顶铁水平螺栓防松夹、长短心轨联结螺栓螺母防松帽缺少或是脱落,导致尖轨(可动心轨)顶铁横向螺栓、长短心轨联结螺栓松动脱落,掉入尖轨(可动心轨)与基本轨(翼轨)之间,导致尖轨(可动心轨)无法转换或是转换不到位。

(5)尖轨接头铁、尖端杆拐铁水平螺栓折断、松动脱落,掉入尖轨与基本轨之间,导致尖轨无法转换或是转换不到位。

(6)交分道岔双转辙器两内侧尖轨尖端附件滑床板镶嵌的岔枕螺栓松动浮起高出滑床台，刮碰尖轨轨底，导致尖轨无法转换或是转换不到位。

(7)部分单开道岔尖轨尖端处滑床板在设计时内侧岔枕螺栓距离尖轨轨底较近，刮碰尖轨轨底，导致尖轨转换不到位。

(8)拉板螺栓松动。由于长时间使用和列车振动及拉板固定螺栓松动等原因,使部分可动心轨拉板旷动严重,造成可动心轨两侧的拉板左右不平、前后不正等问题。在转换过程中,转辙机转换力受到分解。特别是在锁闭时,拉板更加倾斜,导致可动心轨无法转换或是转换不到位。

30. 冬季降雪时或降雪后，尖轨（可动心轨）与基本轨（翼轨）之间，转换设备云卷铁处，外锁闭道岔锁钩与锁闭铁斜面处及锁钩、锁闭杆侧面与锁框内侧面间，锁钩与尖轨连接销间及锁钩、锁闭杆与限位板间，防跳限位装置铁卡与尖轨轨底侧面间夹冰雪，导致尖轨（可动心轨）无法转换或是转换不到位。

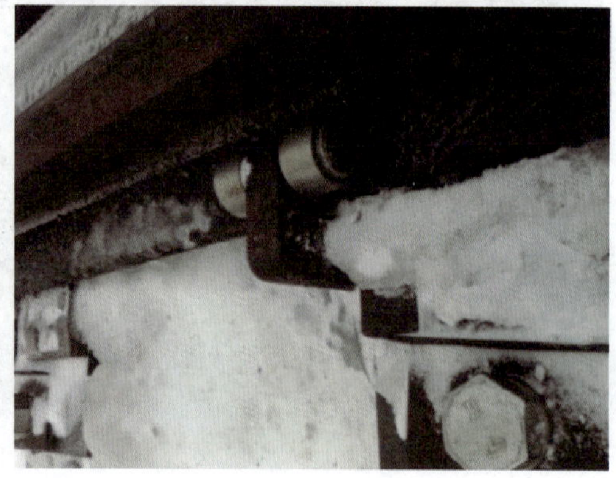

31. 安装转换杆件的岔枕盒内石砟刮碰杆件,道床石砟高于滑床板平面,经列车振动后落到滑床板上,导致尖轨(可动心轨)无法转换或是转换不到位。

32. 安装融雪装置的道岔，融雪条或是融雪条固定支架脱落、翘起、位移，掉在尖轨（可动心轨）与基本股（翼轨）之间，或是与尖轨（可动心轨）发生磨卡，使尖轨（可动心轨）转换不到位。

33. 在转辙部或是可动心轨辙叉作业时，把工具放在尖轨（可动心轨）与基本轨（翼轨）之间，在道岔转换时，工具没有及时拿出来，导致尖轨（可动心轨）无法转换或是转换不到位。

34. 其他原因引起的尖轨(可动心轨)无法转换或是转换不到位。

夹闸瓦片

夹冰溜子

二、影响分析

1. 道岔容易发生转换不到位，不锁闭；检查柱不能落入锁闭缺口，道岔无表示，锁闭电流超标。

2. 道岔容易产生不解锁现象，电机有电不转换。

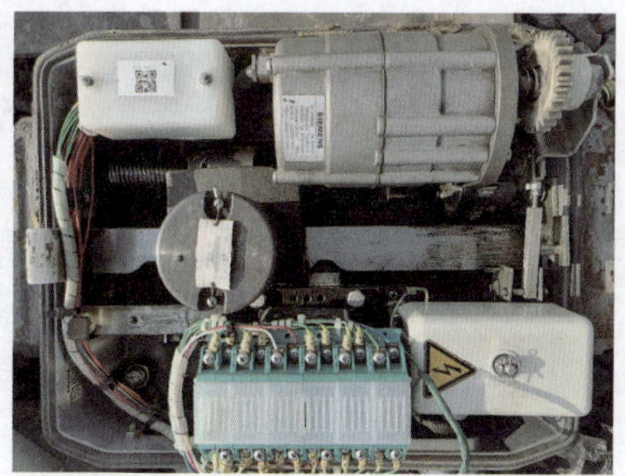

第三节　爬行病害原因分析

爬行(包括岔枕横移)主要是指道岔转辙部分尖轨与基本轨相对爬行,单开道岔、双开对称道岔两侧尖轨不对称爬行,复式交分道岔双转辙器部分四个尖轨尖端不在一条直线上,复式交分道岔可动心轨相对于弯折基本轨、单开道岔可动心轨相对于翼轨爬行。岔枕因外力作用离开规定位置,发生横向移动。

一、原因分析

1. 尖轨受轨温变化影响发生的爬行。尖轨除在尖轨跟端受到夹板、扣件的约束以外,在尖轨全长范围没有其他联结零件约束,在轨温发生变化时,尖轨就会发生前后窜动;在轨温升高时,尖轨往尖轨尖端爬行,在轨温降低时,尖轨往尖轨跟端爬行;尖轨这种前后爬行在年轨温变化比较大的地区,尖轨尖端爬行量少的几毫米,多的几十毫米。例如 50 kg/m 钢轨 9 号 CZ2209 道岔尖轨长度 6.450 m,在轨温变化 100 ℃时,尖轨尖端年前后爬行量可达 7.6 mm;60 kg/m 钢轨 12 号 GLC(08)01 道岔尖轨长度 14.250 m,在轨温变化 100 ℃时,尖轨尖端年前后爬行量可达 16.7 mm;60 kg/m 钢轨 18 号客专线(07)001 道岔尖轨长度 21.450 m,在轨温变化 100 ℃时,尖轨尖端年前后爬行量可达 25.3 mm;60 kg/m 钢轨 42 号客专线(07)006 道岔尖轨长度 44.240 m,在轨温变化 100 ℃时,尖轨尖端年前后爬行量可达 52.2 mm。这只是尖轨的爬行,如果再考虑到基本股在轨温变化时所产生的与尖轨尖端相反方向的爬行,尖轨尖端前后爬行量还会增加。可动心轨辙叉的可动心轨尖端前后爬行与尖轨尖端爬行的原因一样,只不过可动心轨尖端爬行相比较尖轨尖端爬行要小,少的几毫米,多的十几毫米。

2. 外锁闭道岔转辙机固定在岔枕上，岔枕与基本轨相连，而锁闭杆与尖轨相连。正常情况下，转辙机动作拉杆与外锁装置的锁闭杆在同一条直线上。道岔转换时转辙机通过动作拉杆动作锁闭杆牵引道岔，由于受气温的影响，在气温升高时尖轨一般向前爬行，气温降低时尖轨一般向后爬行，在岔枕固定的情况下，因尖轨爬行动作杆与锁闭杆不在一条直线上，产生夹角，如果岔枕未固定好向反方向移动，两杆夹角更大。在道岔转换时，转换力受到分解，造成转换阻力增大。

3. 可动心轨道岔由于可动心轨自身结构存在夹角，可动心轨爬行影响道岔锁闭力和解锁力。可动心轨向前爬行时由于可动心轨密贴处翼轨增厚，势必增加了锁闭力和解锁力，同时向前爬行严重会造成第一牵引点锁闭杆、锁钩、锁框发生磨卡，容易发生道岔转换不良故障；反之可动心轨向后爬行时，则势必减小密贴力，容易出现卡口故障，同时向后爬行严重，会使可动心轨第二牵引点锁框与外锁闭杆间的距离变小甚至挤死，使道岔不能正常转换。

4. 复式交分道岔各方向行车密度不一，通过总重差别大，易造成道岔尖轨、活动心轨爬行，尖轨、活动心轨错差超限，甚至造成尖轨、活动心轨转换卡阻。

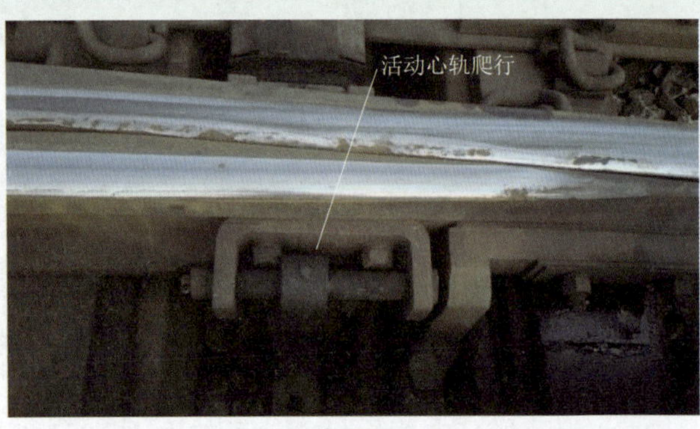

5. 大部分道岔单方向通过列车，易造成道岔尖轨、基本轨爬行量超标（部分基本轨窜动达 30～50 mm），导致道岔尖轨“不方正”，从而使外锁锁闭框与锁闭杆别卡，锁钩在销轴上需要的移动量过大；内锁闭道岔转辙机连接杆件与尖轨拉杆偏斜不在一条线上，增大尖轨转换阻力。

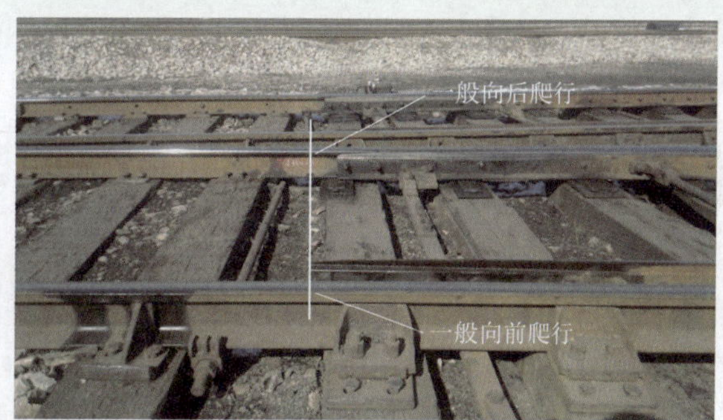
一般向后爬行
一般向前爬行

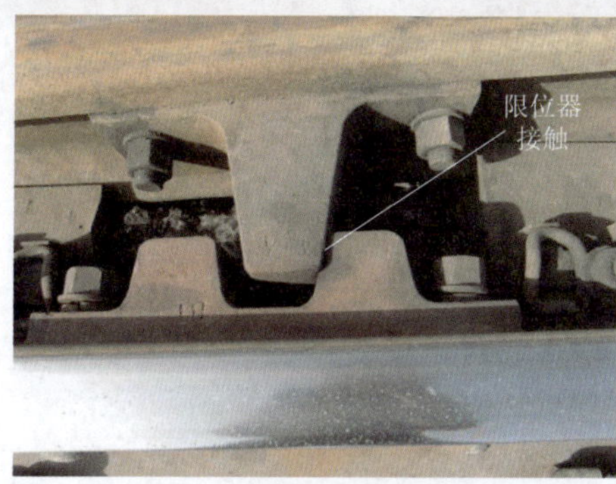
限位器
接触

锁闭杆
别卡

6. 尖轨锁钩对尖轨爬行的适应性差，尖轨爬行使锁钩翻转而造成转换阻卡。

(1)锁闭框偏移试验。

将两侧锁闭框调节到极限位置，使两锁闭框连线与直基本轨夹角达到最大，其他部件调节为常态，进行转换试验。试验表明:转换阻力略有增大，但未发生不解锁故障现象。

(2)锁钩倾斜试验。

①敲击锁钩顶部，使锁钩发生倾斜，让锁钩处于自己能保持的最大倾斜角度，进行转换试验;调节尖轨连接铁，在一端与尖轨轨腰和轨底坡接触面上添加调整片，使销轴发生倾斜，然后再敲击锁钩顶部，使锁钩发生倾斜，让锁钩处于自己能保持的最大倾斜角度，再进行转换试验。试验表明:转换过程锁钩能自我修正到平顺位置，未发生不解锁故障现象。

②用螺栓顶住斥离位锁钩钩头与尖轨连接铁立面，逐步旋紧螺栓，使锁钩发生大角度倾斜并保持螺栓拧紧程度，进行转换试验。试验表明:道岔可以正常转换至密贴位，由密贴位向斥离位转换时发生外锁闭不解锁故障现象，再现了现场故障。在此基础上又进行了进一步的试验:

a. 敲锁钩或另一侧的尖轨均可使道岔解锁正常转换。

b. 调大转辙机牵引力进行试验，可以实现解锁转换。

c. 在锁闭状态下，慢慢取下螺栓，进行试验，故障不消除。

锁钩倾斜

用螺栓顶锁钩

7. 有砟道岔岔枕横移。

安装转辙机杆件的两岔枕之间由于缺少石砟，同时受到杆件的影响无法进行捣固，在列车动态的作用下，岔枕横移，刮碰电务杆件，影响道岔转换。

采用托板安装的道岔转辙机，一般把托板安装在岔枕上，岔枕发生横移将会造成转辙机连接杆件与尖轨拉杆偏斜，不在一条线上，增大尖轨转换阻力。

8. 基本轨、翼轨爬行。由于锁闭框安装在基本轨、翼轨上，锁闭杆必须与基本轨垂直，锁闭杆与转辙机内动作杆应成一条直线。基本轨、翼轨产生爬行时，将使两侧锁闭框中心不在同一轴线上，锁闭杆两端偏差大、中间连接部位弯曲、与转辙机动作杆不成一条直线，增大尖轨（可动心轨）转换阻力。

9. 采用角钢安装转辙机时，长角钢安装在基本股上，而转辙机转换杆件安装在尖轨上，基本股发生爬行时会使长角钢受到影响，同时影响到转辙机转换杆件。如果基本股向道岔前端或是后端爬行，转辙机转换杆件发生偏斜以后与转辙机不在一条直线，影响道岔转换或是使道岔转换阻力增加。如果基本股一股向道岔前端爬行，另一股向后端爬行，安装在基本股上的长角钢发生偏斜，致使长角钢与角形铁之间的绝缘受损，容易发生红光带，同时转辙机转换杆件发生偏斜。

10. 间隔铁型尖轨跟端双头螺栓松动、失效或缺落，尖轨跟端螺栓孔旷动量过大，使尖轨发生前后窜动或是爬行超标，影响道岔表示。

11. 无缝线路位移对道岔的影响。

无缝道岔是实现跨区间无缝线路的关键设备之一。通常其里侧钢轨的一端承受着巨大的温度力,而另一端近似为自由端,为了控制尖轨或可动心轨的位移以保证转换要求,在尖轨及可动轨跟端设置相应的传力部件,如间隔铁与限位器,与岔枕等部件一起,使里侧钢轨的温度力向基本轨传递,致使基本轨承受附加温度力。因此无缝道岔内各轨条间存在极为复杂的承力、传力和位移关系。而且由于长轨条在列车制动与启动较多的线路区段、长大坡道或变坡点附近,容易产生不均匀的爬行现象,这种爬行将会受到道岔的阻碍作用,导致道岔的受力变形规律更为复杂。

(1)岔后线路爬行对无缝道岔受力与变形的影响。

岔后线路向岔前方向爬行,爬行区段距岔尾距离越短,对无缝道岔受力与变形的影响越明显。岔后线路爬行是导致尖轨、可动心轨位移过大而卡阻的主要原因。同时,因爬行附加力不随温度的变化而变化,在无缝道岔轨温变化幅度较小时,爬行对可动心轨尖端位移及基本轨附加温度力的影响更为明显。

(2)岔前线路爬行对无缝道岔受力与变形的影响。

岔前线路向岔后方向爬行,爬行区段距岔首距离越短,对无缝道岔受力与变形的影响越明显,但由于爬行区段与尖轨跟端间存在着转辙器部分,在相同的爬行作用下,对无缝道岔受力与变形的影响较岔后爬行小,且对尖轨及可动心轨的位移影响不明显。

降温情况下，当岔后线路向道岔后端方向爬行、岔前线路向道岔前端方向爬行，对无缝道岔受力与变形的影响规律与前述相同。

二、影响分析

在每年三、四月及入冬前十、十一月，由于气温变化幅度较大，会使道岔尖轨前后爬行或窜动，如果尖轨前后窜动量或是爬行量大于 20 mm 时，很容易造成转辙机表示杆位置改变，导致道岔表示卡口、无表示，极易造成道岔锁闭设备故障。如果各部联结螺栓、销子再有一定旷量，当道岔爬行时，势必改变原来的状态，密贴状态及表示缺口就很难保证原来的设定位置，造成无表示，同时也容易造成密贴杆位置改变，使密贴力变化，导致道岔故障。

尖轨爬行窜动必然带动尖端杆、表示杆、动作杆的位移，那么缺口就很难保证，而尖端杆、动作杆的位移会使道岔转换力发生角度变化，这一变化又会使得转辙机的动作电流升高，尖轨的爬行、窜动还会让道岔宏观密贴不良，因为尖轨的厚度向后逐步加大，基本轨的刨切面基本不变，故而尖轨尖端会先靠或不靠。另外，爬行窜动会让尖端杆螺栓跟部与基本轨轨腰螺栓跟部相碰。

尖轨、基本轨、可动心轨、翼轨爬行使转辙机安装装置不方正，易造成密贴调整杆和表示调整杆与岔枕磨卡，导致道岔发生转换故障。

尖轨爬行超标,表现在道岔杆件偏斜刮碰岔枕。

在所有联结螺栓、销子不旷动的情况下，尖轨爬行对表示缺口的移动量见表 3-1。

表 3-1 尖轨爬行与表示缺口移动量关系

序号	尖轨爬行情况	表示杆缺口移动量(mm)
1	两根尖轨同时向前或向后爬行 20 mm	0.13
2	一尖轨向前爬行 20 mm，另一尖轨向后爬行 20 mm	3.05
3	一尖轨向前爬行 20 mm，另一尖轨不动	1.55

如果各部销子再有一定旷动量，当道岔爬行时，势必改变原来的状态，密贴状态及表示缺口就很难保证原来的设定位置，造成无表示，同时也容易造成密贴杆位置改变，使密贴力变化，导致道岔故障。

第四节　旷动病害原因分析

旷动：内锁闭道岔转辙机与尖轨的各连接杆件联结螺栓、连接销或接头铁水平螺栓发生松动以后，尖轨与杆件之间发生旷动；外锁闭道岔锁闭框、锁闭杆、锁闭铁、锁钩接触面磨耗超过限度或是密贴调整不当使锁闭框、锁闭杆、锁闭铁、锁钩在密贴状态下超过规定限度发生旷动。

一、原因分析

根据有关铁路集团公司实际测试结果，列车通过正线道岔时，作用在接头铁与拉杆之间连接销上的冲击力，一般为 2～6 kN，最大的冲击力为 12 kN；冲击频次约为每年 280 万次以上。如果各部销子不紧，则在高频次、大动能的冲击下，销子的旷动量可达 2～3 mm（一年）。

联结螺栓松动或是穿销旷动随时可能使密贴调整杆的动程发生变化，密贴力不稳定，导致轨道框架结构不稳定，拉杆拉伸时旷动量增大，电务转辙机在锁闭时空动距离不足，容易造成表示不良。

因此，规定尖轨接头铁与拉杆之间的连接销子与销孔旷动量合计磨耗应小于等于 1 mm。主要原因有三点：

1. 密贴调整杆与工务第一拉杆相连，如果第一拉杆的主销旷动，则势必引起密贴调整杆的密贴力不稳定，密贴力过大、过小都能造成道岔故障。

2. 主销旷动也能引起尖轨移动距离发生变化。由于尖端杆与尖轨相连，从而间接地引起表示杆动程发生变化，这可能导致表示口不落锁、道岔无表示的故障。

3. 第一拉杆是固定尖轨框架的主要杆件，如果主销旷动，将减小固定框架的能力，可能将固定框架的部分力量转加到电务的尖端杆上，使其难以承受，从而加速尖端杆主螺栓的松旷，威胁道岔表示的正常工作。

二、影响分析

道岔各部位拉杆连接销或是尖轨接头铁水平螺栓松动使尖轨与杆件之间旷动超标，锁闭框、锁闭杆、锁闭铁、锁钩在密贴状态下发生旷动，容易导致道岔无表示，尖轨（可动心轨）与基本轨（翼轨）离缝。

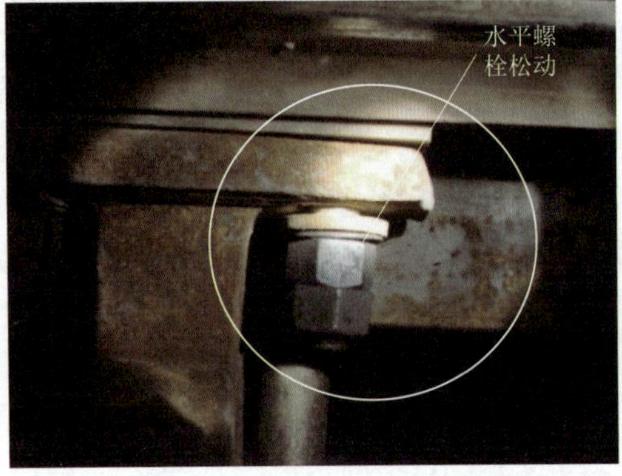

第五节　离缝病害原因分析

尖轨(可动心轨)在刨切范围与基本轨(翼轨),尖轨(可动心轨)轨底面与滑床板台面,尖轨(可动心轨)轨腰与顶铁,基本轨轨底与轨撑、轨距块、滑床板压板时称为离缝。

一、原因分析

1. 内锁闭道岔尖轨拉杆、连接杆尺寸选配调整不当，调整尖轨密贴时在各拉杆、连杆接头铁夹调整片不一致，致使尖轨框架尺寸不符合标准，尖轨在密贴时与基本股离缝超过标准值。

2. 基本轨框架尺寸不符合标准，曲基本轨弯折点位置不对或是弯折尺寸不符合要求，尖轨尖端轨距超限，致使尖轨在密贴时与基本股离缝超过标准值。

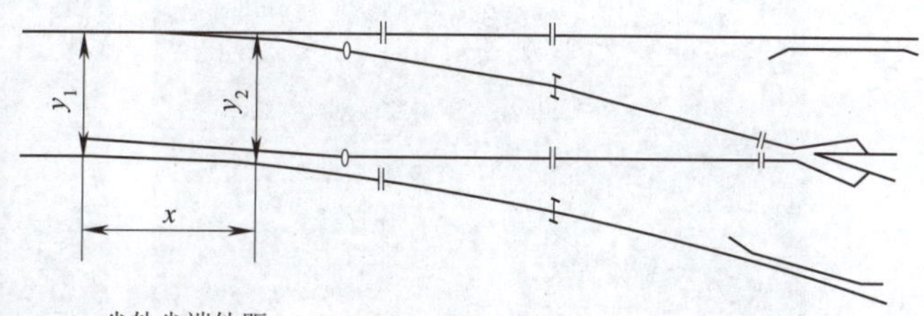

y_1—尖轨尖端轨距；

y_2—尖轨刨切起点对应点的框架尺寸；

x—尖轨刨切长度。

3. 基本轨存在硬弯、方向不良。受列车过岔横向力的影响，尖轨、基本轨发生横移以后，尖轨由于自身结构特点可以恢复原状，而基本股一般不会恢复，长时间后在尖轨尖端至尖轨跟端形成轨向，致使尖轨在密贴时与基本股离缝超过标准值。

4. 多机多点牵引道岔各转辙机推、拉力不均匀，使个别牵引点尖轨(可动心轨)与基本轨(翼轨)在密贴时离缝超过标准值。

5. 道岔前端连接的线路方向不良，列车进入道岔时摇晃，轮缘迫使基本轨外倾或外移，造成尖轨与基本轨动态不密贴。

6. 交分道岔钝角辙叉理论尖端处短中轴轨距不易保持，结构本身存在冲击死角，活动心轨、V形基本轨容易横移，连接杆销子磨损及活动心轨密贴杆强度不足，致使活动心轨在密贴下状态发生4 mm及以上锁闭。

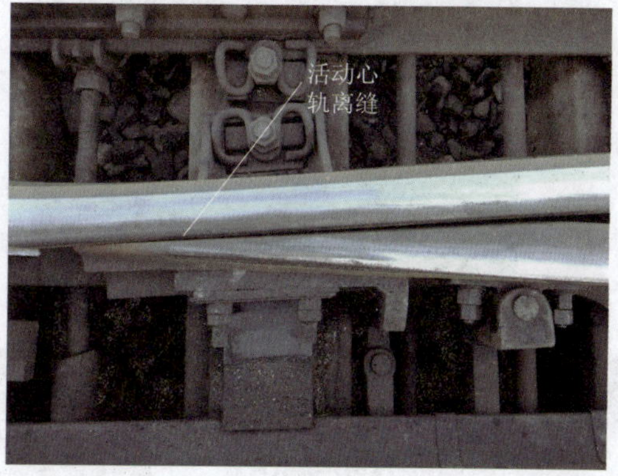

7. 外锁闭道岔锁闭框、锁闭杆、锁钩滑动面磨耗超过标准，尖轨(可动心轨)在密贴时离缝超过标准值。

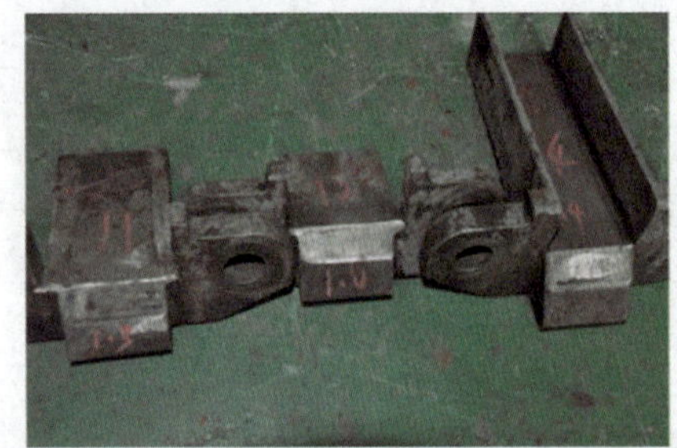

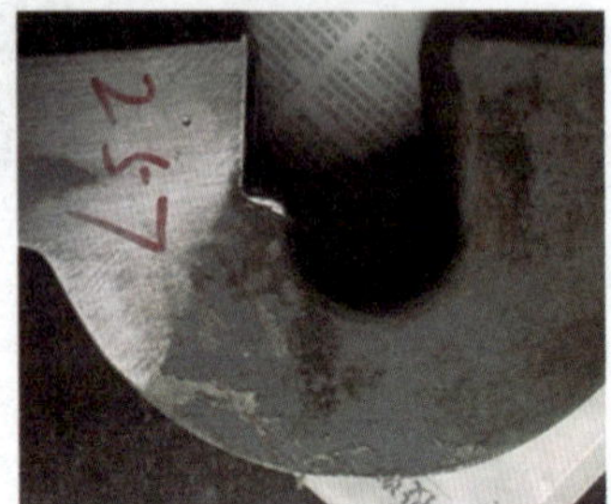

尖轨
离缝

尖轨离缝

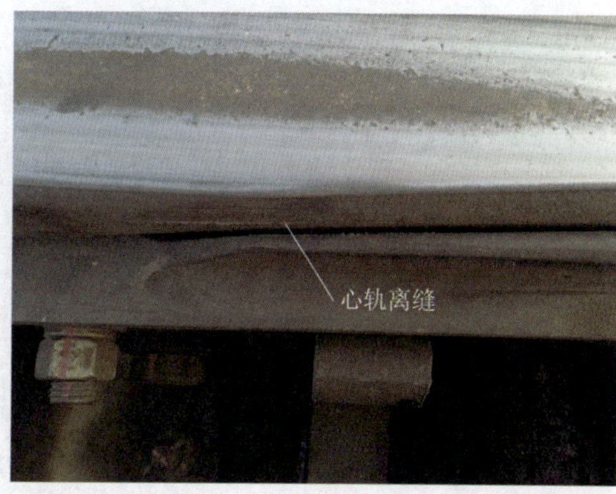
心轨离缝

8. 尖轨(可动心轨)存在侧弯,尖轨(可动心轨)在密贴时,尖轨(可动心轨)除尖端与基本股(翼轨)密贴,其他刨切部位与基本股(翼轨)离缝超过标准值。

9. 转辙部位(可动心轨辙叉)存在“三道缝”,即基本轨(翼轨)轨底边与滑床台边或外侧轨距块之间、基本轨(翼轨)外侧轨头下颚及轨底上部与轨撑接触部分、轨撑尾端与滑床板挡肩离缝超过标准值。

10. 顶铁离缝。尖轨(可动心轨)或基本轨存在硬弯或是轨向,尖轨(可动心轨)中后部轨距偏小及顶铁本身存在加工缺陷,均会造成顶铁与尖轨(可动心轨)离缝超过标准值。

11. 道岔密贴调整不当，转辙机牵引动程到位后，没有把尖轨拉到位，内锁闭道岔无撑劲、外锁闭道岔钩头过松，尖轨(可动心轨)在密贴时与基本股(翼轨)离缝超过标准值。

12. 基本轨在列车通过道岔时受车轮轮缘横向力的影响发生动态横移，致使道岔尖轨与基本轨离缝，轨距(框架尺寸)发生变化，从而造成道岔卡缺口、道岔不能机械锁闭、道岔假挤岔等，同时在列车经过时造成转辙设备杆件疲劳损伤，严重会造成杆件折断，危及行车安全。

13. 尖轨(可动心轨)轨底与滑床板顶面离缝超过标准值。

尖轨(可动心轨)弓腰或翘头,滑床板间不能全部均衡受力密贴,导致部分滑床板离缝,部分滑床板因受力较大磨耗严重。轨枕不在同一水平面上或转辙部位、可动心轨辙叉高低不良,导致部分滑床板过硬受力较大,部分空吊引起离缝。个别轨枕有空吊现象,尖轨(可动心轨)与滑床板在静态下看似密贴,但其内部受力不均衡。

二、影响分析

1. 尖轨(可动心轨)与基本轨(翼轨)、尖轨(可动心轨)与顶铁离缝以后,列车在通过道岔时冲击尖轨(可动心轨),缩短尖轨(可动心轨)使用寿命,使转辙机动作杆、密贴表示杆的联结螺栓、穿销产生旷动、折断,转辙机内部机械部件磨耗损坏,外锁闭道岔锁闭铁、锁闭框、锁钩非正常磨耗,尖轨(可动心轨)动态水平加速度将成倍增加。缝隙较大,可能使列车逆向进入道岔时车轮轮缘进入尖轨(可动心轨)与基本轨(翼轨)之间,致使列车脱轨,严重危及行车安全。

2. 尖轨(可动心轨)轨底与滑床板离缝以后,列车在通过道岔时,尖轨(可动心轨)产生跳动,使滑床板开焊、折断,岔枕出现伤损,岔枕螺栓、扣件螺栓松动,转辙机的动作杆、密贴表示杆的联结螺栓、穿销产生旷动、折断,转辙机内部机械部件磨耗损坏,外锁闭道岔锁闭铁、锁闭框、锁钩不正常磨耗,尖轨(可动心轨)动态垂直加速度与水平加速度将成倍增加,而碎石道床结构本身的稳定性相对较差,车辆经过道岔系统时产生的振动较整体道床更为强烈,从而影响道岔整体框架强度,缩短尖轨(可动心轨)使用寿命。

3. 尖轨(可动心轨)轨底与滑床板离缝,导致部分滑床板不接触尖轨(可动心轨)轨底,部分滑床板受力过大,磨耗严重,尖轨(可动心轨)在转换时因受力不均衡而转换受阻,甚至不能正常锁闭。

第六节 道岔病害对转辙设备影响分析

一、道岔病害对电动转辙机性能的影响

1. 严重吊板。

列车通过道岔，使密贴调整杆、表示杆均随列车的通过而振动，同时产生纵向冲击力，使动作杆在齿条块中滑动，从而挤伤挤切销。

2. 道岔不方正。

道岔在转换过程中会使动作杆扭动，加重牵引负载。

3. 道岔拱腰。

当列车通过时，道岔尖轨作用于动作杆、表示杆的冲击力，有时可使移位接触器接点断开，切断表示电路。

4. 道岔反弹。

这是在转辙机解锁和锁闭时产生的一种弹力，造成道岔解锁和锁闭困难，严重影响转辙机的寿命，损坏挤切销。

二、道岔病害对电动转辙机电气特性的影响

电动转辙机的工作过程可分为解锁、转换和锁闭三个阶段，道岔病害都将影响转换尖轨（可动心轨）的阻力，是造成转辙机不解锁、不锁闭以及不能转换到位的主要原因。

三、道岔病害对电动转辙机机械特性的影响

道岔病害对转辙机的机械影响主要表现为转辙机在解锁、转换及锁闭时显得较重，使表示缺口发生改变。

四、道岔病害对道岔转换的影响

1. 基本轨相错会造成两个锁闭框不在一条直线上，转换不顺畅。
2. 尖轨相错会造成锁钩偏置，使锁钩不在连接铁中部，或者锁钩不垂直而造成别卡。
3. 尖轨与基本轨相错，造成锁钩不垂直而造成别卡。
4. 滑床板固定不良、轨距块作用不良，都会造成过车轨距变化、爬行量大，过车后转换卡阻或卡缺口。
5. 轨撑作用不良，过车时轨顶翻背严重、轨距变化，表示杆容易折断、卡缺口。
6. 顶铁离缝，离缝超标会造成过车钢轨变形、反弹、不易解锁。

7. 各牵引点框架的测量是为了保证线路平顺，不产生支点。

8. 各牵引点的开口、锁闭量的检查是为了调整平顺，既要左右偏差不超标，还要照顾前后平顺，不能前后大、中间小，反之也不行。

9. 可动心轨第一牵引点开口和第二牵引点两翼轨内侧距离的检查，主要是检查可动心轨密贴是否平顺，减少支点和反弹。

10. 锁闭量既是安全要求，也是转换平顺的条件。

11. 尖趾距离和枕木绝对位置，是为检查可动心轨爬行和外锁闭安装是否在规定位置。

12. 可动心轨第二点动程不足，影响平顺和轨距；可动心轨第二点框架大会造成锁闭困难。

13. 翼轨偏置会造成密贴不平顺、形成支点，或者离缝超标。

14. 基本轨、尖轨应密贴平顺，不能有支点。

15. 尖轨跟距超标，会使最后牵引点锁闭时反弹。

第七节　轨道电路红光带原因分析

道岔区段轨道电路比无岔区段轨道电路复杂得多。在道岔区段轨道电路中，转换道岔增设了各种连接杆，这些杆件都需要安装绝缘。同时为了防止轨道电路短路，在道岔区段上要增设多组绝缘接头，这些绝缘接头通常叫作附加绝缘。为了联结曲股线路，还要增加许多道岔跳线。为保持道岔上各部分导电性能稳定，在道岔尖轨与基本轨间，辙叉翼轨和辙叉心的邻接钢轨间，都要加装连接线。

应当指出，在道岔区段轨道电路中，只要有一组附加绝缘破损失效，就会破坏道岔区段轨道电路的工作。

图中设 A 组绝缘失效。这时轨道电路送电端送出的电流，没有经过受电端轨道继电器，就从失效的 A 组绝缘处经过道岔跳线返回送电端，这导致轨道电路被 A 组绝缘所短路，使轨道继电器接收不到电流，而失磁落下。

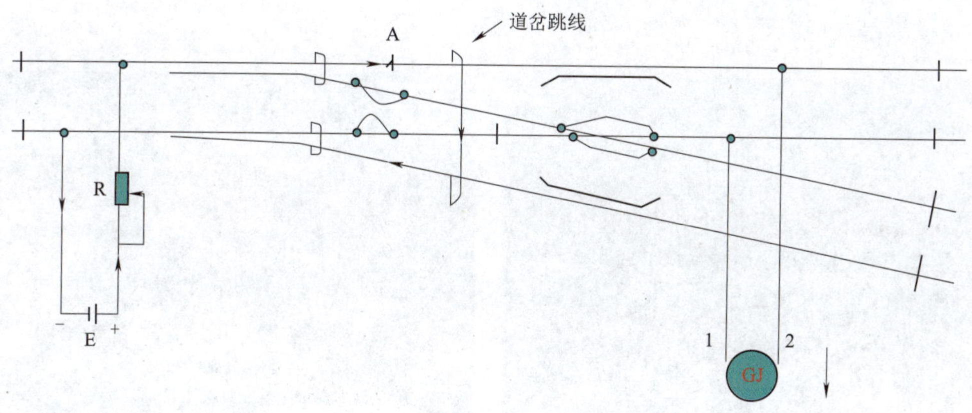

一、信号原因

1. 轨道电路电源引入线、钢轨接续线等生锈断股。

2. 轨道电路绝缘破损未及时发现，更换或安装不正确，缺少配件等。

3. 道岔安装装置绝缘季节性分解不到位，绝缘破损短路。

钢轨接续线断股

轨道电路钢丝绳锈蚀

二、钢轨绝缘原因

钢轨绝缘不良是引起轨道电路故障的主要原因,绝缘接头是轨道电路的重要组成部分,是线路的薄弱环节之一,也是工电结合的主要部位,更是制约安全行车的敏感区域,由于绝缘被拉坏或顶死造成红光带而影响行车的事故时有发生。

(一)原因分析

1. 电绝缘性能不良

(1)生产工艺。

①合成胶泥封缝不严,用量不足,涂抹不匀,使夹板与轨腹形成空隙,雨水或湿气进入夹板内部。

②钢轨打磨不合格也会引起胶接不良。

③不正确的钢轨孔强行穿进螺栓,导致绝缘套管被挤碎,绝缘失效。

④合成胶泥涂抹在接头夹板上,安装接头夹板和两次紧固螺栓未在合成胶泥固化时间内完成。

胶泥涂抹不均匀

(2)设备安装不当。

①扣件同时与钢轨、绝缘夹板相碰,道岔绝缘接头用铁制轨距块,弹条不安设绝缘套帽。

②引接线与绝缘夹板相碰。

③曲线钢轨因侧磨造成钢轨面包死夹板现象比较突出。

轨距挡板顶夹板

绝缘横螺栓与弹条接触

螺栓顶夹板

绝缘横螺栓顶立螺栓

铁制轨距块

弹条不安设绝缘套

(3)电压击穿和电流拉弧灼伤。

①电压击穿。未设置冗余的回流通道故障后,列车失去接地,车体对地将可能出现高压,危及人身安全,高压对连接在钢轨上的所有绝缘构成威胁,会出现击穿薄弱环节,形成泄流。

②电流拉弧灼伤。拉弧的高温会导致绝缘节碳化引起绝缘破损,更严重的是可能使钢轨接头处的机械性能发生变化,对行车造成安全隐患。

③雾闪击穿。浓雾天气，股道发车时突发红光带，室内设备工作正常，室外出现异常放电击穿产生的巨响，将接触网高压直接泄放至钢轨。致使钢轨绝缘、道岔绝缘被击穿，轨道电路匹配变压器10 A断路器跳闸，发生红光带现象。

④雷电击穿。雷雨天气时，直击雷造成受端PT损坏、电缆芯线断线，出现红光带。

2. 钢轨绝缘故障

(1)槽型破损通过接头夹板短路。

(2)钢轨肥边导致槽型短路，造成轨面无电压。

(3)钢轨扣件超过槽型导致绝缘短路，造成轨面无电压。

(4)钢轨垫板移在轨端下导致轨端短路，造成轨面无电压。

(5)轨端挤死造成短路。

(6)绝缘管、绝缘垫破损造成短路。

①绝缘垫破损，紧固绝缘接头螺栓时将轨端两端的绝缘垫挤破。

②绝缘套管破损，一部分是由于更换绝缘时造成，另一部分是由于钢轨伸缩磨损造成。

(7)槽型两边道钉碰接头夹板，造成短路。

(8)轨距杆绝缘破损，造成短路。

(9)曲上股绝缘前后轨面鱼鳞纹。

绝缘被钢轨侧面磨耗包裹

电流拉弧灼伤钢轨

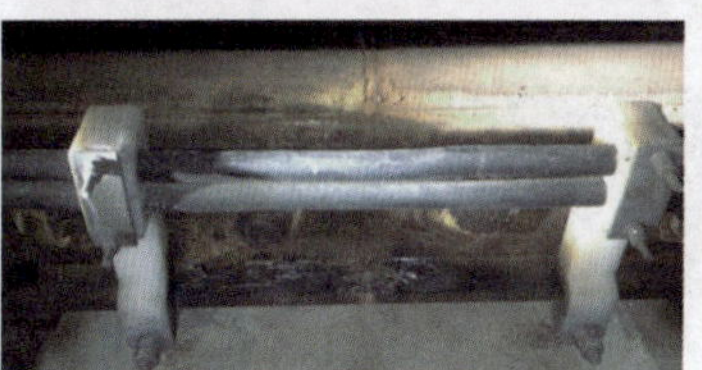

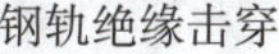

钢轨绝缘击穿

密贴检查器绝缘击穿造成钢轨短路

烧灼痕迹

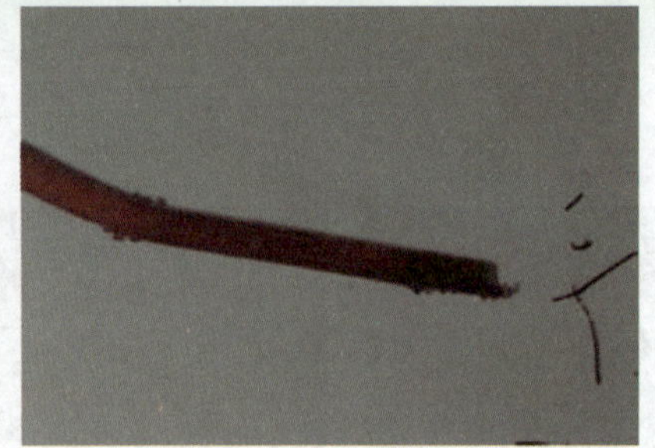

电缆断芯

绝缘槽板破损

绝缘套管破损

绝缘端板断裂脱落

(10)绝缘接头距枕边过近,绝缘轨缝不在轨枕中间,绝缘端板(工型)距枕边不足 100 mm,一旦空吊接头窜动到枕面上有短路风险。

(11)50 kg/m 钢轨 9 号交叉渡线锐角辙叉护轨过绝缘接头,整治查照间隔夹片时造成护轨水平螺栓与绝缘水平螺栓接触,从而短路。

(12)电气化铁路钢轨绝缘接头有磁场,对周围铁屑有吸附作用,绝缘接头夹板吸附大量铁屑易造成短路。

(13)异物掉在轨缝处,引发红光带故障。

钢轨肥边

轨端上部挤死

绝缘平垫破损

轨面鱼鳞纹掉块

绝缘端板(工型)距枕边过近

螺栓接触

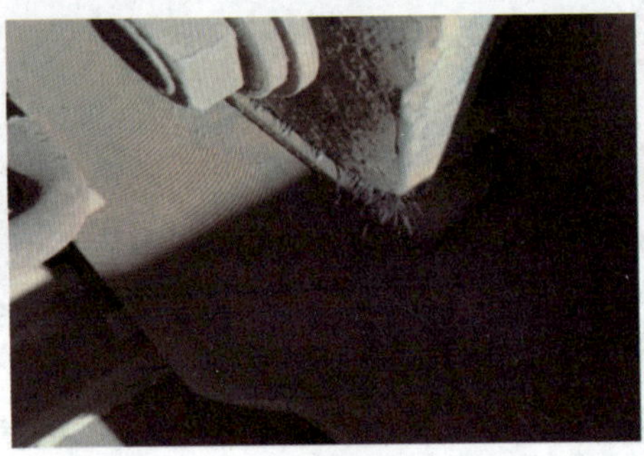

吸附铁屑

轨缝夹异物

3. 道岔安装装置故障

(1)角钢绝缘破损造成短路。条件是轨道两侧的绝缘破损,才能构成短路。

①角钢绝缘管破损。

②道岔滑床板两处碰角钢造成短路。

③L形铁绝缘板和铁垫板装反造成短路。角钢上依次应为绝缘板和铁板,若安装反会造成L形铁螺栓和铁板相碰。

(2)各部拉杆、连接杆绝缘破损造成短路。

60 kg/m 钢轨 9 号 SC390 道岔第二连杆距离滑床板过近;50 kg/m 钢轨 9 号 CZ2209 道岔第三连杆距离滑床板也较近,如果岔枕爬行,很容易造成连杆穿销或开口销与滑床板接触造成短路。

50 kg/m 钢轨 9 号 CZ2214、60 kg/m 钢轨 9 号 SC450 交分道岔拉杆穿销易发生转动,开口销与尖轨接触造成短路。

拉杆、连接杆接头铁在夹铁制调整片时,把调整片放在接头铁侧,容易发生短路。

4. 绝缘接头养护不当

(1)轨缝设置不合理。

《铁路技术管理规程》规定:绝缘接头最小轨缝为 6 mm,最大轨缝为构造轨缝。但由于钢轨爬行等原因,绝缘轨缝很难始终保持这一合理数值不变,存在着过大或过小现象。尤其是当前后出现 3 个以上的连续瞎缝或大轨缝时,遇轨温突然降低或升高,就会出现绝缘被毁现象,造成红光带。

连接杆开口销距滑床板过近

开口销易与尖轨接触

轨缝小于 6 mm

轨缝大于构造轨缝

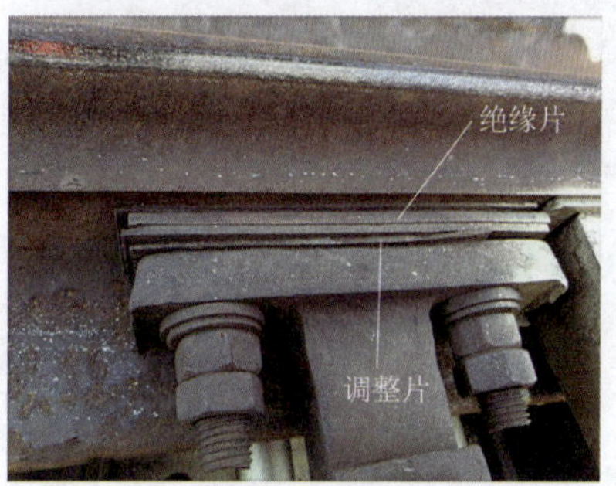

调整片错误放置

调整片正确放置

(2)轨端不垂直。

根据有关规定:绝缘接头处钢轨必须使用工厂生产的标准轨,如需截断应垂直锯断,上下偏差不应大于0.5 mm,并将钢轨的原始端放在绝缘接头处。但现场为了满足设置绝缘的需要,需对钢轨长度进行重新配置,锯轨时轨端往往存在较大的偏斜,并将带有偏斜的这一端放在绝缘接头处,造成绝缘片局部受挤压,顶坏绝缘,造成红光带。

(3)端部顶面肥边。

绝缘接头处相邻的轨端顶面有肥边,不注意及时铲除而导致顶死,造成轨端绝缘失效,出现红光带。钢轨轨端肥边剥落掉块容易掉落在轨缝里引起绝缘短路。

(4)接头低扣空吊。

钢轨接头是普通线路的薄弱处所,绝缘接头较其他接头更为薄弱,现场为了满足加设轨端绝缘的需要,往往将轨缝拉得很大,并将轨端打磨人为地造成“假”大轨缝,加大了动荷载的冲击,加之绝缘接头较为敏感,导线等设备较复杂,日常的养护维修很难做全、做细,存在接头螺栓扭矩不足、接头低扣、空吊、泛白等病害,这时如不及时整治,很容易使两轨端上下错动导致绝缘片被磨掉使钢轨短路,造成红光带。

胶接绝缘拉开

轨端不垂直

轨端肥边

剥落掉块

(5)扣压力不足。

一是接头螺栓扭矩不足。由于绝缘接头绝缘垫的存在,接头螺栓扭矩不能过大,以免挤碎绝缘垫,这样往往现场很难使扭矩始终保持在规定值不变,由于接头扭矩不足,轨缝经常变化而使轨端绝缘被顶掉或绝缘管被拉碎,造成红光带。

二是轨端螺栓扣压力不足。绝缘接头前后 3~5 根钢轨处的轨枕螺栓扣,由于平时不注意复拧,存在压力和扭矩不足,线路难以锁定,出现夏季顶掉端部绝缘和冬季拉碎绝缘管现象,而造成红光带。

另外,轨端绝缘和套管质量不良,也是造成绝缘破损出现红光带的又一因素。

5. 其他原因

(1)钢轨折断。一般钢轨折断发生在冬季,折断后断面拉开,轨道电路出现持续红光带,这时容易检查发现,但开春时或隧道内,温度较高或变化不大,钢轨折断后断面有可能仍然接触,这时会出现闪红现象或红光带消失,检查人员容易出现漏判,认为故障自动恢复。

(2)支距杆、轨距杆绝缘材料质量较差,依靠拧紧螺母来调整和固定轨距,造成粘接式轨距杆绝缘拉出,支距杆绝缘破损。造成电流漏泄,出现闪红或持续红光带现象。

(3)道岔尖轨与基本轨爬行,使安装装置绝缘拉碎和单向磨损,复式交分道岔第一、二块滑床板工务固定困难,造成中心滑床板窜动与道岔角钢连接杆相碰造成短路,交分道岔连接杆开口销顶部与钢轨底部相碰造成短路。

螺栓松动

绝缘接头轨缝变化

轨距杆绝缘破损

接头低扣

轨端绝缘损坏

(4)工务在岔区基本轨一侧多处用轨距杆(有些不绝缘)与大地中栽的半截钢轨相连;供电部门有些杆塔地线不经火花间隙直接与钢轨相连,火花间隙失效或绝缘子漏泄电流超标等,造成两条钢轨牵引电流不平衡,出现闪红。

(5)各部门在轨道电路区段维修作业使用的撬棍、铁板、铁丝、机具,以及在站场内的废旧铁丝、易拉罐等拉动或稍不注意,就会造成瞬间红光带,使信号关闭,甚至造成机车冒进信号。

使用钢板尺测量绝缘接头

地锚拉杆

三、其他原因

(1)因设备器材被盗、损坏或施工防护不到位,电缆被挖断、器材损坏等。

(2)自然灾害影响,如台风暴雨造成轨道被淹、箱盒进水等。

(3)列车重载、提速、双机牵引,原设计扼流变压器容量不够,造成轨道电路熔断器熔断,电缆、扼流变压器烧坏,箱盒引接线烧断。

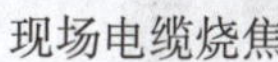

现场电缆烧焦

电缆被挖断

第四章　道岔结合部病害整治

由于道岔设备的复杂性，一种道岔病害(表象)可能由几种不同的原因造成，整治方法也各不相同。造成病害的原因不同，采取的整治方法也各不相同，需要针对道岔的不同病害，认真分析，制订相应的整治方法，有的放矢、加以整治。处理方法也要适应现场病害情况，不要套搬相近或相适的案例，应该根据病害产生原因具体分析，根据实际情况确定处理方法。

道岔结合部故障处理应遵循“先电务、后工务、再电务”的原则，发生道岔故障时，首先由电务牵头，工务配合，采取措施迅速处理故障，最大限度缩短故障延时。

本章主要介绍道岔发生病害的检查、整治方法。

第一节　结合部病害检查方法

对于道岔结合部病害的查找，现场可以采用"看、听、测、试"等方法来比较、对照，进而发现病害所在，采取针对性措施，加以克服。

"一看"：一上道岔，远看近看相结合，直股看方向，曲股看圆顺；曲基本轨在密贴范围内是否呈一条直线、密贴范围以外是否圆顺，尖轨、可动心轨是否密贴；顶铁是否起作用、是否顶死；密贴、缺口是否变化；尖轨、可动心轨的跳动状态；枕木的起伏状态等。

"二听"：列车通过时的振动声音，吊板、拱腰、扣件失效、螺栓松动等都有无异声。

"三测"：工务方面，测轨距、开程（动程）、框架尺寸、轮缘槽宽度；电务方面，测动作电流、故障电流、密贴间隙是否存在假密贴，开程（动程）、空动余量。明确一点：转辙机动程＝尖轨开程＋空动余量＋杆件、销孔旷动量。杆件，特别是工务第一拉杆旷动是造成空动余量不足的原因之一，日常整治中尤其要注意。

"四试"：2 mm/4 mm 试验；定反位操纵时观察主（副）机动作的一致性；尖轨、可动心轨是否平行移动，防止蛇行移动。

一、道岔反弹检查方法

反弹现象是尖轨密贴于基本轨时发生道岔故障的主要原因，这种现象是大量存在的，也是最不易诊断原因的，所以这是工电联合检查的重点。

1. 检查道岔反弹现象的方法，目前采用的有两种。

一种方法是利用设于车站控制台的电流表进行检查。单独操纵道岔，观察道岔的工作电流和锁闭电流的变化，若工作电流与锁闭电流之差超过 0.3 A(经验值)时，就说明这组道岔存在反弹的现象。

另一种方法是用手摇把摇动道岔，当道岔解锁时，由于道岔有反弹，手摇把出现自动空转现象。这时可用撬棍检查道岔的反弹点，具体做法是将连接杆作为基本测试点，逐根连接杆用撬棍将尖轨向基本轨侧拨动，拨到哪一根连接杆反弹消除，也就找到故障点。这种做法叫分段诊断法，比较简单易行。

2. 现场还可以利用“三听四看”法来对道岔反弹进行诊断。

(1)“三听”。

“一听”:道岔解锁时是否有“砰”的响声,有则是反弹影响,响声越大说明反弹越大。

“二听”:道岔转换时声音是否沉闷,声音沉闷说明阻力过大;如果接近密贴时沉闷,说明尖轨跟端过紧,容易出现道岔反弹。

“三听”:尖轨密贴时有无撞击基本轨的声响,有则为密贴力大。

(2)“四看”。

“一看”:解锁时密贴杆是否先被尖轨推着走,即密贴杆的空动距离在没有抽出之前,尖轨已经先动,说明有反弹。尖轨瞬间斥离基本轨的距离为反弹距离,应不大于 4 mm。若超过此标准认为不合格。

“二看”:有无尖轨尖端或腰部先于方钢处密贴现象。检查时应站在尖轨前端下俯身体,观看尖轨密贴过程,有上述现象则为反弹,先密贴点为反弹所在点,应采取收紧尖端杆或收紧第二、三连接杆的方法进行解决。如果是 AT 型道岔,无法采用收紧尖端杆方法处理尖端先密贴的问题时,只能适当松密贴力来缓解反弹。最终应采取更换尖轨方式彻底解决。

“三看”:方钢是否窜动。在扳动时看接头铁与方钢连接处有无窜动的痕迹。

“四看”:前端有无吊板、尖轨中部及跟端滑床板过高、尖轨翘头等病害。尖轨尖端前三块滑床板应至少有两块滑床板与尖轨底部密靠,实践证明最好第一块滑床板密靠,此时尖轨转换阻力最小;若滑床板全部受力,则尖轨转换阻力就大;另外,尖轨中部及跟端滑床板过高会增加道岔阻力。

二、道岔密贴状态、锁钩松紧检查

扳动道岔后，检查密贴位置侧，道岔尖轨尖端无间隙(间隙不大于 0.5 mm)，用扳手撬动尖轨可使尖端间隙变化 0.2 mm 左右，并能自然恢复原状态，无假密贴现象；其余牵引点可同样检查，尖轨与基本轨间隙不大于 1 mm，用大号螺丝刀插入间隙处撬动，可自然复位。用工具锤侧面反复轻轻敲击锁钩侧面，锁钩左右可小幅摆动，无反弹、无大阻力。同时对钩头敲击检查，敲击锁钩头部侧面，钩头可左右小幅摆动，并无反弹，说明道岔密贴良好，锁钩松紧适度，另外一侧做同样检查。否则，要对道岔进行调整，达到前述的状态。道岔过紧，会使道岔解锁困难，再有钩锁缺油等其他因素存在，故障概率大增。同样，过紧也会使锁闭力增大，往往造成钩锁上不去。锁钩过松，最突出的问题是机械磨耗严重，也会产生缺口变化。

三、道岔卡阻检查

(一)钩头与锁闭铁检查

钩头与锁闭铁别卡,在静止状态(不扳动)一般影响不大,关键是影响道岔的锁闭和解锁。因为锁闭和解锁时,钩头在锁闭铁槽型内运动,造成侧面磨卡。

1. 检查方法:

①扳动观察法,在扳动时,钩头抬起和落下过程中,观察钩头和锁闭铁有无摩擦,锁钩侧面有无划痕。

②敲击检查法,手锤左右反复敲击钩头侧面,如钩头左右摆动自如,无反弹,说明两者无别卡。如钩头敲击不动或有反弹,应当首先检查锁钩是否过紧。

2. 可能造成两者别卡的原因有以下几个方面:

①锁闭杆不平顺,锁钩夹板造成锁钩方向变化。

②锁轴变形或锁钩内铜套不均衡磨耗造成锁钩方向变化。

③锁闭框偏离中心线。

④锁闭框尺寸误差造成两者不平行。

⑤是否使用半片插片。

（二）锁闭杆与锁闭框别卡

锁闭杆与锁闭框两者之间别卡现象比较普遍，检查方法也比较简单。在锁钩松紧适度前提下，用工具锤左右敲击锁闭杆（锁闭和斥离位置均可检查，锁闭位置更明显），锁闭杆来回动作自如，不反弹，则无别卡；如敲击不动或有反弹，则说明锁闭框与锁闭杆有别卡，解决方法为调整锁闭框位置，使杆件平顺后，再用同样的方法检查。

（三）斥离尖轨锁钩的检查

斥离尖轨锁钩也应处于活动的状态，斥离位置的别卡往往容易造成道岔的扳动困难，别卡的原因包括以下方面：

1. 斥离尖轨开程是否标准，两边是否平衡，可能会因为开程变化，造成锁闭杆凸块与锁钩凹槽卡牢。

2. 锁轴变形或磨耗，造成锁轴不能自由窜动。

3. 杆件是否方正平顺，不平顺会造成锁钩内铜套不均匀磨耗。

（四）锁轴是否磨耗或弯曲变形

在锁闭位置，用扳手往一个方向转动锁轴，手感阻力应均匀，如有半圈省力，半圈费力，同时道岔密贴状态可能也会跟着变化，则说明锁轴已弯曲变形，应更换锁轴。一般均在密贴侧进行检查，因斥离位置检查不十分明显。

（五）表示杆与叉型接头的别卡

这种别卡现象更为普遍，因为道岔缺口调整，表示杆调整螺栓紧固，表示杆、叉型接头、鼓形销间的应力始终存在，久而久之，再加上列车通过时振动，造成叉型接头折断。解决方法是在调整完毕、调整螺栓紧固后，用大扳手回一点力，这样表示杆接头、鼓形销、叉型接头就灵活了，处于自由状态。

（六）导向销的作用和检查

导向销的作用是为了保证锁闭杆水平运动，由于列车通过产生的振动，导向销在锁闭杆导向槽内振动磨耗产生凹坑，同样导向销自身也有磨耗，有的导向销发生折断，需要加强检查，更换时要振动观察，特别是心轨部位销要入槽。

现场道岔的状态分析：各种别卡比较普遍，调整精度不高；机械转换部位磨耗大，这与以前的调整有关；锁钩松紧不一，有的过松，有的过紧，或一边紧、一边松。

在维修中摸索并确定道岔密贴锁钩松紧检查方法：在锁闭状态，撬动密贴尖轨，尖轨尖端有0.2 mm左右的间隙，松开后可自然复位。其余牵引点的锁钩也可用同样的方法来掌握。

（七）道岔转换卡阻重点检查项目

发生道岔故障后，要认真检查道岔转辙部分（可动心轨辙叉）范围内所有设备，确定故障位置及原因，以最快速度排除故障，恢复设备的使用。

现场检查重点：

一是尖轨（可动心轨）与基本轨（翼轨）各联结零件有无松动、失效。

二是滑床板有无脱焊、断裂、磨耗、变形。

三是转辙部分（可动心轨辙叉）几何尺寸有无超限，尖轨有无翘头、侧弯、爬行。

四是尖轨防跳限位装置、尖轨（可动心轨）防跳铁顶、可动心轨防跳卡铁是否良好，有无卡尖轨（可动心轨）轨底情况；可动心轨防跳间隔铁与可动心轨顶面尖隙是否符合要求。

五是辊轮状态是否良好。

四、可动心轨辙叉病害检查

(一)可动心轨辙叉病害检查

可动心轨辙叉检查与尖轨检查基本相同,重点也相似。可动心轨辙叉检查除上述重点之外,关键是结合部问题,可动心轨辙叉故障与结合部关联度很大,因此,应更加重视结合部问题的处理。结合部病害基本有如下几方面:

1. 顶铁无间隙,造成道岔锁闭困难。
2. 可动心轨碰翼轨轨底。
3. 滑床板长期磨耗,产生台阶,转换受阻。
4. 可动心轨作业电务配合标准不清。

(二)可动心轨检查重点

1. 顶铁过紧,成为锁闭硬点。工电联合整治(工务指标)要求顶铁与可动心轨间隙不大于 1 mm,间隙过小可用纸片检查,锁闭时,纸片能轻松抽出即可。否则要求工务调整解决。

2. 可动心轨碰翼轨轨底。一般会出现明亮的磨痕,要求工务打磨处理。

3. 滑床板长期磨耗,产生台阶,转换受阻。一般痕迹明显,同样采用打磨方法,另外,因为工务可动心轨是由长短心轨拼装而成的,在拼装接缝处的滑床板产生磨耗台阶,一般难以发现,工务也难以处理,有的道岔转换中途停顿也可能与此有关,需进一步分析判断。

4. 叉根尖轨间隙内无杂物,整个可动心轨滑床板涂油至叉根尖轨。

五、道岔不解锁、不锁闭检查

(一)道岔第一或其他牵引点不解锁检查

联系室内多次反复转换道岔,室外在道岔转换时用手锤敲击不解锁牵引点处的锁钩两侧平面,外锁闭即可解锁。检查道岔尖轨、基本轨是否爬行,尖轨是否空吊板,滑床板是否开焊,密贴调整是否过紧,锁闭铁的锁闭斜面、锁钩锁闭斜面、动作板凸起的锁闭台及锁钩锁闭下平面是否夹异物,是否卡出沟痕,发现问题及时和工务现场处理。必要时更换锁闭铁及锁钩进行整治。

(二)道岔第一或其他牵引点不锁闭检查

联系室内多次反复转换道岔,室外检查道岔尖轨、基本轨间是否夹异物。如果尖轨已密贴,可能是斥离尖轨卡阻或道岔密贴过紧造成,现场用手锤敲击密贴尖轨或用撬棍拨斥离尖轨,使道岔锁闭维持使用。重点检查道岔尖轨、基本轨是否爬行,尖轨是否空吊板,滑床板是否开焊,杆件是否方正等情况。如道岔存在病害,工电部门进行联合整治。

六、道岔爬行检查方法

检查密贴尖轨尖端与基本轨轨端的距离、可动心轨尖端与翼轨轨端的尖趾距离，该尺寸应符合规定。当尖轨爬行、尖趾距离超过规定标准时应及时整治。

电务进行道岔振动试验检查时，转辙机动作杆、表示杆与道岔外动作板、外表示杆应呈直线状态。发现不在同一直线上，呈别劲状态，应检查尖轨、基本轨是否爬行，枕木是否方正，工务部门应及时处理。电务应对锁框、表示杆连接铁进行调整，保证道岔正常使用。

七、红光带检查

1. 道岔区段出现红光带，要检查调车信号机绝缘至所有出发信号机绝缘间的全部线路和道岔，检查要逐组道岔、逐股道进行，按先正线后站线的原则进行，检查完一股道开通一股道，直至找到故障为止。

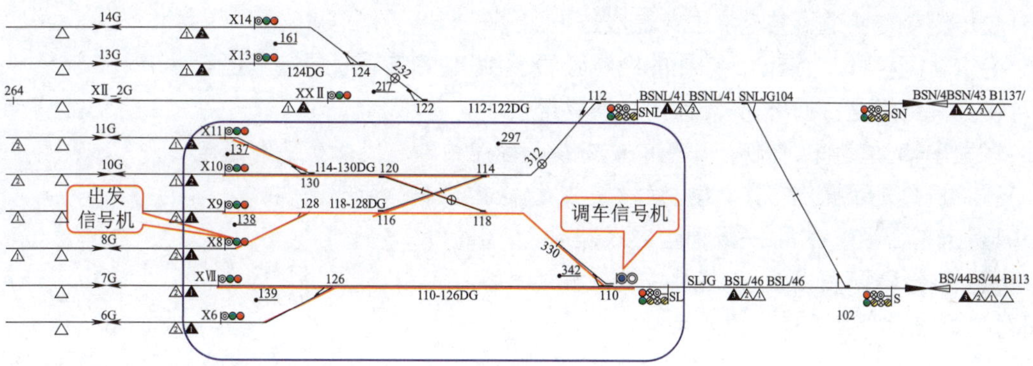

2. 重点检查以下部位:

(1)钢轨是否折断、绝缘接头轨缝是否过小,挤破轨端绝缘。

(2)绝缘接头处轨端是否有肥边突出联电。

(3)绝缘接头处的中间联结零件和接头联结零件是否连电。

(4)绝缘接头处是否有金属异物搭接连电。

(5)胶接绝缘接头是否被电流击穿造成连电。

(6)绝缘轨距拉杆、地锚拉杆等处的绝缘套管、绝缘垫片是否破损造成连电。

(7)各杆件绝缘是否损坏,有无其他金属物搭接。

(8)轻型车辆、单轨车、探伤小车等的非绝缘车轮是否通过绝缘接头时连电。

(9)施工机具是否操作搭接钢轨、绝缘接头、绝缘拉杆等时造成连电。

(10)道床是否翻浆冒泥、货场粉尘导致连电。

(11)钢轨接续线、引接线,道岔跳线是否脱落断裂。

(12)附近是否有施工单位挖断电缆。

第二节　道岔结合部病害整治方法

一、道岔结合部整改流程

1. 检查调整两基本轨的方正(转辙器两基本轨的相错量)。铺设时应控制两基本轨端头方正差小于 5 mm。

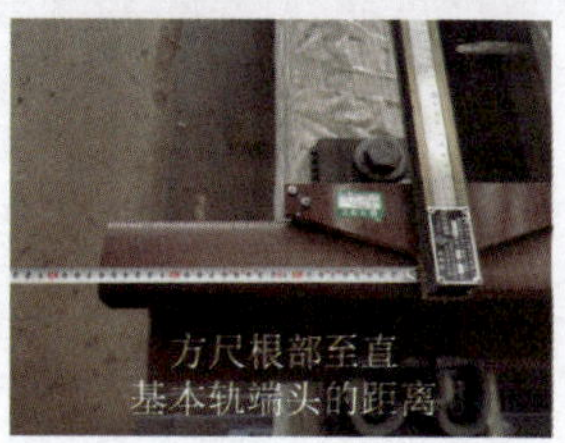

2. 尖基轨定位尺寸

根据道岔设计图，尖轨尖端与基本轨轨头的距离是固定的，直尖轨尖端应在曲基本轨第一弯折点处，尖轨尖端靠前或靠后与基本轨设计位置靠贴均会对密贴造成影响。尖轨与基本轨、尖轨与尖轨间的相错量不得超过 20 mm。现场丈量基本轨、尖轨的方正和爬行，以工作量最小、天窗要求最低、材料最为节省为原则，调整轨缝或前后引轨，使道岔方正，从而解决道岔转换不畅的问题，并且减小其对密贴的影响。

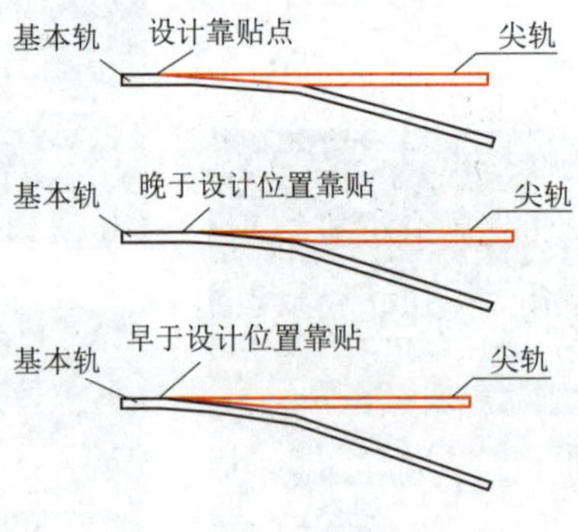

尖轨不同位置对密贴的影响

(1)小号码内锁闭有缝道岔测量尖轨尖端到基本轨端头的距离。

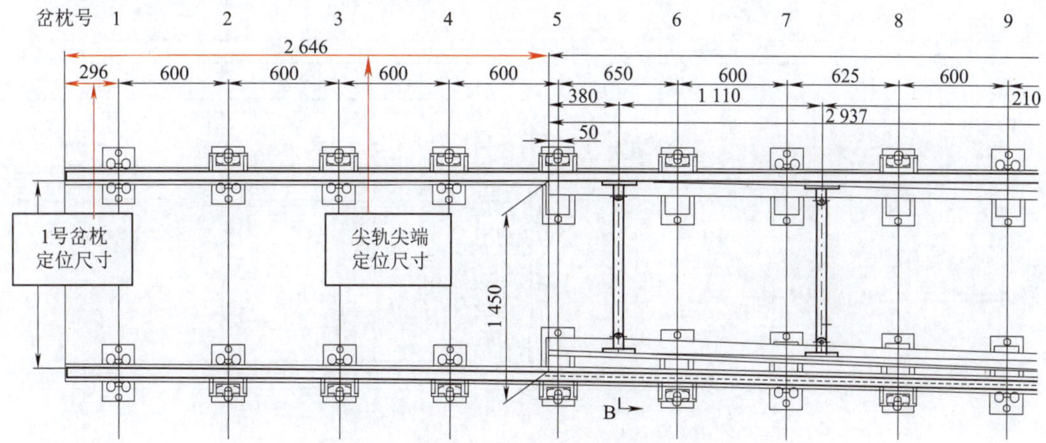

小号码内锁闭有缝线路道岔(单位:mm)

(2)大号码外锁闭无缝线路焊接道岔检查第一牵引点锁闭框安装孔到尖轨尖端的距离。

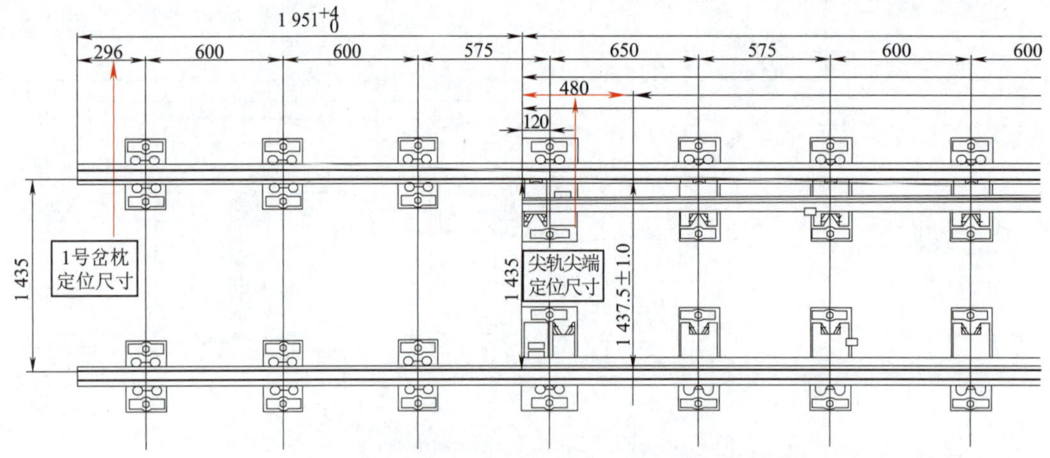

外锁闭大号码无缝线路道岔(单位:mm)

3. 岔枕的布置形式

尤其是转辙器一号岔枕的定位及各牵引点处岔枕的定位，岔枕间距严格控制到 0～5 mm，岔枕布置形式垂直度与技术要求相符。

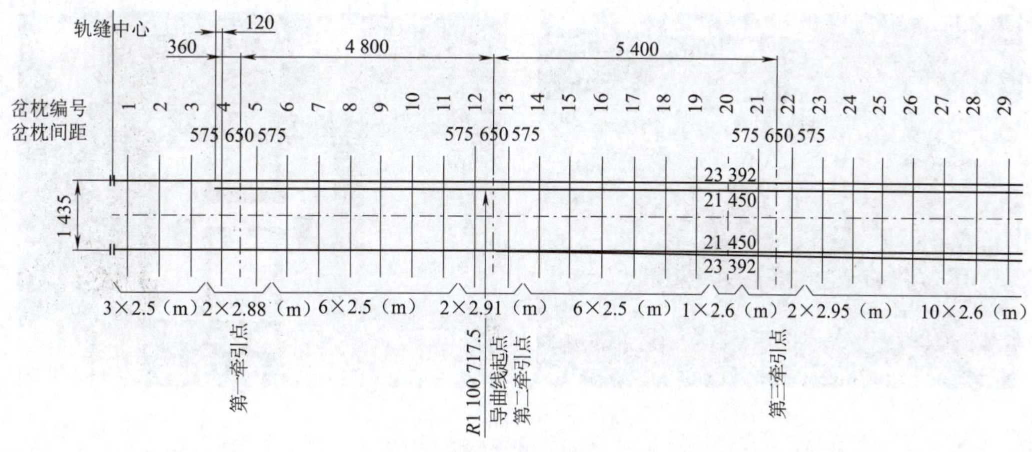

岔枕布置(单位:mm)

4. 垫板安装

检查确认转辙器平垫板、滑床板、辙跟垫板是否按设计要求安装在对应的岔枕上，尤其注意防跳限位装置滑床板、辊轮滑床板的安装型号和岔枕位置。

5. 检查调整基本轨轨向和各岔枕处的框架结构尺寸(注意直基本轨侧垫板安装必须按设计要求装配扣件)。

6. 尖轨跟端结构尺寸按设计标准调整优化(如尖轨固定端第一块辙跟垫板支距尺寸安装调整至零到负差,后部辙跟垫板尺寸调整至零到正差)。

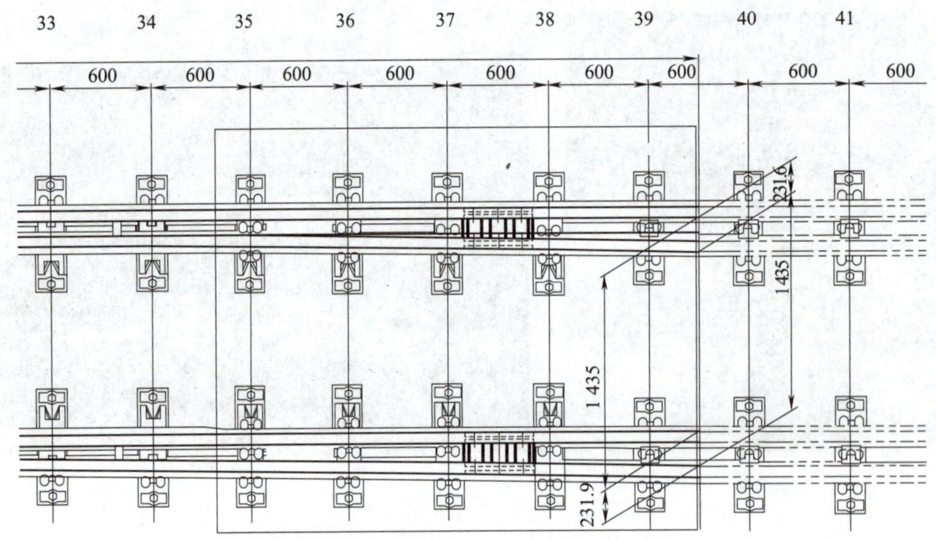

尖轨跟端结构尺寸(单位:mm)

7. 工务作业道岔高低、水平、轨向、轨距等几何结构尺寸达标后，再确认道岔尖轨(可动心轨)的宏观密贴，是否满足转换设备安装技术要求。

8. 因道岔型号、结构、钢轨材质不同，尖轨(可动心轨)宏观密贴确认方法也有所不同。

如普速铁路 12 号及以下号码道岔，尖轨宏观密贴在密贴段范围内能达到小于 1 mm 的状态。18 号及以上大号码道岔，尤其是客专系列道岔，尖轨、可动心轨轨型均为 60AT2，材质为 U71MnG，韧性较好，硬度较普速道岔钢轨材质 U75V 低。另外大号码道岔各牵引点距离较远，宏观密贴检测控制到第二、第三牵引点处不大于 1 mm，尖轨第一牵引点处略有反弹至 1～3 m 是正常状态。根本原因是为了保证两牵引点间的不足位移，在尖轨直线度符合技术标准的条件下，两牵引点尖轨部位应用了反拱技术，达到了大号码道岔尖轨刨切部位小于 1 mm 密贴标准，从而保证了密贴检查器的正常作用。

道岔尖轨轨型比较图

9. 正常情况下道岔各部位的顶铁、工联岔及客专系列道岔制造技术标准高，工厂装配精度卡控严，如现场顶铁离缝大于 2 mm 以上或顶铁卡阻影响道岔密贴，可通过优化调整(道岔方向、框架尺寸、辙叉位置，消除尖轨后段不足位移)就能解决，不建议打磨顶铁和加装调整片。如打磨顶铁和加装调整片超过 2 mm 以上，可致道岔线型、轨距、密贴超标。

10. 控制滑床板空吊，尤其是道岔各牵引点处的滑床台板与尖轨轨底离缝不能大于 1 mm，且不能连续两块空吊，否则尖轨第一牵引点滑床板空吊超过 2 mm 以上，易造成尖轨防跳台与基本轨下颚卡阻，产生转换故障。

二、病害整治

(一)整治反弹病害

1. 两基本轨间框架尺寸不达标的情况,首先方正基本轨接头,检查曲基本轨弯折量,当误差超过±1 mm 时,应重新弯折;直股基本轨方向不良时,可用弦线测量,采用拨道或改道方法调整,对曲股进行轨距调整时,应结合测量两基本轨框架尺寸的方法进行调整;调整完毕应进行转辙性能测试。

2. 尖轨与拉杆框架尺寸不达标的情况，要调整尖轨与拉杆组成的框架尺寸，按照标准调整各部位连接杆的长度，遵循从前向后的顺序进行调整，如有误差，可采取加撤铁垫片或是更换拉杆的方法进行调整。

3. 对木枕道岔锛砍削平转辙部木枕，调整滑床板高低；通过垫板或起道捣固的方法整修滑床板，使各岔枕上的滑床板高度保持一致。

4. 更换双头螺栓，更换间隔铁，或在双头螺栓上加垫。

5. 窜动尖轨或调整基本轨，消除限位器卡阻问题。

6. 整修更换有侧弯的尖轨、可动心轨。

7. 调整尖轨、可动心轨顶铁，拧紧松动的顶铁螺栓。

8. 电务对于密贴过紧的道岔重新调整使其符合要求。

9. 调整防跳限位装置与尖轨轨底边缘的间隙，使其符合要求。

(二)整治卡阻病害

1. 更换开焊、折断、台面磨耗、变形的滑床板。

2. 对木枕道岔锛砍削平转辙部木枕，调整滑床板高低；通过垫板或起道捣固的方法整修滑床板，使各岔枕上的滑床板高度保持一致。

3. 对基本轨工作边和尖轨非工作边出现的肥边要及时安排打磨，打磨后要进行道岔扳动试验，确保打磨后尖轨密贴状态良好。

4. 有砟道岔方正转辙机处横移岔枕，使岔枕位置间隔尺寸符合标准，防止尖轨、可动心轨电务拉杆刮碰岔枕。

5. 辊轮进行重新安装调整，拧紧辊轮定位螺栓，防止定位螺栓松动、上框架浮起刮碰尖轨轨底，引起转换卡阻。

6. 通过整修或更换拱腰或塌腰尖轨（可动心轨），使尖轨（可动心轨）与基本轨（翼轨）顺利密贴。对于翘尖的尖轨可以打磨尖轨尖端非工作边影响密贴的部位或是更换尖轨。

7. 混凝土枕道岔处理 AT 型尖轨上部卡基本轨下鄂，一是更换基本轨下压溃胶垫，二是调整过硬滑床板下胶垫。

8. 在道岔运营过程中，应经常检查各类转换杆件与岔枕上滑床板、耳板、岔枕边缘间的缝隙尺寸。发现缝隙小于 10 mm 时，应及时调整转换杆件的位置，拉轨并及时拧紧扣件。

9. 对转辙部（可动心轨）关键部位的螺栓，要加强经常检查，及时拧紧松动螺栓，对于拧不紧的经常反松螺栓必须进行更换处理。要及时补充更换松动、脱落的尖轨（可动心轨）顶铁横向螺栓防松夹，以及尖轨（可动心轨）间隔铁螺栓螺母防松帽。对于转辙部（可动心轨）关键部位的螺栓可更换成防松螺帽。

表 4-1 转辙部(可动心轨)各部位螺栓扭矩

序号	螺 栓 种 类	扭矩(N·m)
1	长短心轨联结螺栓	600
2	限位器、转辙器跟端间隔铁及翼轨间隔铁联结螺栓	1 100
3	岔枕垫板用 M30 螺栓	300～350
4	咽喉前翼轨间隔铁螺栓	600
5	防跳卡铁、顶铁螺栓	400～600

10. 在铺设组装时要充分考虑各零部件的公差，防止活动零部件的活动间隙过小。

11. 调整防跳卡铁、顶铁与尖轨(可动心轨)的轨底高度，保证防跳卡铁、顶铁与尖轨(可动心轨)轨底的间隙符合规定。

12. 调整防跳间隔铁与可动心轨前端防跳台顶面高度，保证防跳间隔铁与可动心轨前端防跳台间隙符合规定。

13. 电务部门及时调整电务转换设备，使之能够适应尖轨(可动心轨)的自由伸缩，解决尖轨(可动心轨)在转换过程中出现的卡阻问题。

14. 外锁闭装置卡阻处理方法。锁钩孔与轴的旷量不宜大于 1 mm（更换旷量较大的锁钩孔套，孔轴之间的旷量过大虽利于锁闭，但不利于解锁）；松开定反位锁闭框的螺栓，电动转换尖轨使锁闭框“自动”找正（锁闭框上的椭圆孔是为调整设计的，调整量有不适应尖轨爬行量的现象）；调整锁钩使其在锁闭过程中与锁闭铁锁闭面成为“面”接触，需检查锁闭拉杆在锁闭框中左右是否有旷动量；尖轨或基本轨爬行后，如果锁钩不能在轴上滑动，则会使锁闭力加大，应在锁闭框与基本轨的接触面上垫薄铁片，使锁钩的锁闭面与锁闭铁的锁闭面及锁钩轴中心线平行，减小转换阻力。

另外，由于外锁闭中滑动摩擦面多，同时有些零部件的摩擦面直接暴露在外，受外界环境影响较大，需要定期维护。特别对于外锁闭的接触摩擦面需要定期加油，下雨后需要注油，冬季要清雪。

（三）整治爬行病害

1. 对尖轨、可动心轨爬行量超限的道岔，采用更换尖轨、基本轨、可动心轨辙叉前后钢轨或是单个调整尖轨、基本轨、可动心轨辙叉纵向位置等措施，使其符合要求。

2. 锁定基本轨（翼轨）。

3. 更换间隔铁型尖轨跟端双头螺栓。

4. 方正道岔，使道岔两尖轨尖端相错量不大于 10 mm。

5. 方正有砟道岔岔枕，对横移岔枕采用防横移的措施。

6. 尖轨、长心轨未焊接的道岔，可调整尖轨、长心轨跟端范围内钢轨轨缝的大小并拧紧道岔内扣件，同时在尖轨及可动心轨跟端采用冻结工艺对接头进行冻结，以阻止窜动爬行的产生。

7. 对尖轨、长心轨跟端已焊接的道岔，除组装时严格按标准进行对方组装外，日常养护中需经常拧紧扣件。

8. 在道岔前后焊接钢轨上增设防爬设备。

9. 将长心轨、短心轨、翼轨、间隔铁进行胶接处理。

10. 对尖轨严重不方已焊接的道岔，切割钢轨拉方后重新进行焊接。

(四)整治旷动病害

克服旷动现象的措施是采用高强度螺栓或更换为带螺扣的销子，同时应减少道岔爬行，对于第一拉杆的主销应将其鸭嘴上下拧紧，经常检查水平螺栓是否松动，如果发现水平螺栓松动及时拧紧。

将销子改装成锥形，并加装护套以增大接触面，改善承受交变应力能力，将点接触改造成面接触，根据螺栓松紧控制轴套大小，消除连接处的旷动。

（五）整治离缝病害

1. 尖轨（可动心轨）与基本轨（翼轨）、尖轨（可动心轨）与顶铁离缝，先调整各部位框架尺寸，若依然存在离缝，要对尖轨（可动心轨）进行“放劲归零调整”，检查尖轨（可动心轨）自由状态下是否能够密贴，确定其是否存在硬弯或者拱腰，确定后再相应的采取矫直或烤制及更换尖轨的办法解决。通过抽减垫片或更换顶铁的方法调整尖轨（可动心轨）与顶铁间缝隙。

2. 两基本轨间框架尺寸不达标的情况，首先方正基本轨接头，检查曲基本轨弯折量，当误差超过±1 mm 时，应重新弯折；直股基本轨方向不良时，可用弦线测量，采用拨道或改道方法调整，对曲股进行轨距调整时，应结合测量两基本轨框架尺寸的方法进行调整；调整完毕应进行转辙性能测试。

3. 尖轨与拉杆框架尺寸不达标的情况，要调整尖轨与拉杆组成的框架尺寸，按照标准调整各部位连接杆的长度，遵循从前向后的顺序进行调整，如有误差，可采取加撤铁垫片或是更换拉杆的方法进行调整。

4. 尖轨（可动心轨）与滑床板离缝，部分滑床板磨耗不均匀，转辙部（可动心轨辙叉）存在高低空吊，采取捣固、垫板、更换磨耗的滑床板等措施，使各滑床板在同一水平面上。

5. 整修或更换有问题的尖轨（可动心轨）。

6. 调整动程不标准、两侧动程不均匀的尖轨（可动心轨）动程。

7. 尖轨在第二、三牵引点处向内侧弯。针对这种情况，该牵引点处密贴调整不能过紧，尖轨顶铁、防跳限位装置起作用，动程调整略大一些。外锁闭装置要保持干净，注油良好，防沙、防雪罩安装良好。巡检时，重点检查外锁闭锁闭铁斜面是否有沟痕。道岔转换试验时，是否出现卡阻现象，发现不良及时打磨处理。

8. 尖轨在第二、三牵引点处向外侧弯。在这种情况下，第二、三牵引点处密贴都是很好的，但是在第一牵引点处，尖轨反弹使尖轨尖端离缝。当反弹间隙超过 4 mm 以上时，原则上工务必须进行更换处理；反弹间隙在 4 mm 以下，应进行适应性调整。在这种情况下，该牵引点处密贴调整不能过紧。外锁闭装置要保持干净，注油良好，防沙、防雪罩安装良好。巡检时，重点检查外锁闭铁锁闭斜面是否有沟痕。道岔转换试验时，观察是否出现卡阻现象，发现不良，及时打磨处理。

三、外锁闭道岔常见病害整治

(一)斥离位别卡

外锁闭道岔锁闭框调整不方正、岔枕间距不达标以及转辙机安装不方正、尖轨随温差变化带动锁钩前后窜动等因素，引发锁闭框与锁闭杆别卡、锁钩与锁闭铁别卡，尖轨在转换过程中锁闭杆在锁闭框内左右摆动，造成转换动作不畅，观察锁闭杆两侧边缘磨痕严重，测量动作油压发现油表指针摆动量较大，调阅转辙机转换功率曲线或测量转辙机拉力曲线不平顺，呈锯齿状，严重时出现尖轨不能一次转换到位。

整治方法：

(1)以直基本轨为基准，将直角方尺放置在锁闭框固定螺栓孔中心，直角方尺所对应的曲基本轨位置与锁闭框固定螺栓孔中心的偏差即为不方正偏差量，通过前后调整两侧锁闭框降低偏差量。两端的调整量以各取 50%为宜。在锁闭框螺栓未紧固的情况下，来回转换尖轨数次，使锁闭杆在锁闭框内自由活动，然后紧固锁闭框固定螺栓，调整后在远离转辙机一侧用手左右扳动锁闭杆，观察锁闭杆应能够灵活摆动。另外转辙机动作杆与锁闭杆接头处螺栓不应过紧，应保证锁闭杆在纵向及横向都有一定的活动量。

(2)整治后检查是否别卡:转换尖轨观察锁闭杆与锁闭框之间要有缝隙;用小撬棍检查锁闭杆在锁闭框内不反弹;用手锤分别向两边敲,钩头在销轴上能够较灵活移动,转换尖轨分别检查密贴位和斥离位锁钩是否灵活,防止出现斥离位锁钩别卡导致尖轨不能转换到位。

(二)动程、锁闭量调整不平均

尖轨动程、锁闭量调整不均匀,造成尖轨转换动作不一致。通过手摇或控制台转换道岔比较主副机动作顺序,发现尖轨存在主副机转换时解锁时间不同步或转换到位时间不一致的现象。动程不平均主要表现为:同一牵引点定反位存在动程不均衡,偏差大于 2 mm 规定值;两个及以上牵引点同一位置出现动程大小不均衡,即各牵引点与标准值的偏差量出现一大一小的情况,因此动程定反位偏差或各牵引点大小调整不在同一侧就会引起尖轨在斥离位解锁时各牵引点间解锁时间不同步、受力不一,引发尖轨转换阻力大。

整治方法:

(1)准确测量尖轨各牵引点动程、锁闭量:

①测量第一牵引点的动程:将直钢尺水平垂直于斥离尖轨外锁闭框中心上沿,在低于基本轨轨面 16 mm 处至斥离尖轨内侧边缘上的距离即为第一牵引点动程。

②测量其他牵引点动程：将直钢尺水平放置在其他牵引点外锁闭框中心上沿基本轨上，在低于尖轨轨面 16 mm 处至基本轨内侧最小距离（测量时可利用直尺垂直测量尺读数）即为该牵引点动程。当牵引点在刨切点之后时，此牵引点动程等于同一侧斥离位动程减去密贴位的密贴动程（即测量时先测该侧的斥离位动程，然后转换尖轨，再测量该侧密贴位密贴动程，两者之差即为该点的动程）。

③测量锁闭量：将专用量尺塞入锁闭杆凸台与锁钩处，测量重叠部分长度即为锁闭量。

(2)当定反位动程偏差量大于 3 mm 时，通过调整转辙机锁闭杆伸出长度(1 齿调整量约 3 mm)，当偏差量较小时，可通过加装不同型号的动程调整片进行微调，达到动程均衡，尽量保证尖轨动程、锁闭量调整达标，且定反位动程、锁闭量偏差不得大于 2 mm。

(3)在道岔存在结合部病害无法调整到标准值的情况下，尖轨各牵引点动程应尽量在同一侧偏大或偏小。

(三)密贴调整不良

密贴过松或过紧均会导致尖轨（可动心轨）锁钩不锁闭或解锁困难，密贴调整过松容易造成过车时缺口发生变化，也容易发生锁钩内部铜套磨耗加剧。同时由于密贴调整过松，车辆过岔时锁钩凸台在锁闭杆凸台左右移动，引发锁闭杆移动，容易造成斥离位锁钩别卡；密贴调整过紧会造成尖轨（可动心轨）解锁困难，同时，各牵引点密贴力调整不一致，容易造成各牵引点间密贴动作时间不一致，引发各牵引点间密贴解锁不一致。正常情况下，第一牵引点密贴应保持在 0～0.5 mm，用短撬棍向导向方向拨动尖轨，间隙不应大于 1 mm；其他各牵引点密贴应保持在 0～1 mm。

整治方法：

使用塞尺检查尖轨（可动心轨）各部位密贴情况，若尖轨（可动心轨）密贴不良，由牵引点后部往前部依次调整。具体调整方法为，松开锁闭铁与锁闭框固定螺栓，各牵引点锁闭铁处先插入 3 mm 密贴调整片，逐渐加 0.5 mm 密贴调整片进行试验，直至尖轨（可动心轨）不锁闭，然后去掉 3 mm 密贴调整片后观察尖轨（可动心轨）的密贴状态及锁钩的灵活度，在此基础上再进行加减 0.5 mm 密贴调整片试验来达到尖轨（可动心轨）密贴的最佳状态。密贴调整结束后，再次检查尖轨（可动心轨）后部顶铁与尖轨（可动心轨）之间的间隙应在 0～1 mm 之间为宜。同时在调整中要考虑季节交替及昼夜温差对尖轨（可动心轨）密贴的影响，当气温较低时，应将密贴调整在偏松的状态，预留调整量，防止温度升高出现密贴过紧现象。

（四）关键活动部位清扫注油不良

尖轨（可动心轨）转换时，锁钩利用自身重力自然落下来实现解锁，锁钩与锁闭杆及锁闭框接触部分均应保持清洁油润，以免锁钩下落，阻力增大，造成尖轨（可动心轨）解锁时锁钩下落不灵活，引发尖轨（可动心轨）转换卡阻故障。同时，滑床板活动部位清扫注油不良、转辙部（可动心轨）空吊板较多以及滑床板滚轮高度调整不当，均会增大尖轨（可动心轨）转换阻力，造成尖轨（可动心轨）机械卡阻故障。

整治方法:

日常检修或养护中应及时在清理锁钩与锁闭框、锁闭杆之间油泥后适量注入清洁的润滑油,在锁钩与销轴连接处清扫并适当注油等,将滑床板活动部位清扫并注油。滚轮高度应调整至高于滑床板 2 mm,并与密贴尖轨保持 1 mm 间隙位置。

(五)尖轨假密贴、试验时基本轨横移

尖轨翘头存在上不密下密,尖轨在斥离位时锁钩存在别卡,密贴位锁钩上下、左右能够摆动,影响尖轨解锁;基本轨存在肥边存在上密下不密,影响尖轨锁闭;尖轨锁闭时基本轨横移,引发尖轨密贴试验失效,同时尖轨动作到位后继续移动,造成其他牵引点斥离位虚开。

原因分析:

1. 尖轨后部道床捣固不实或下沉是导致尖轨翘头的主要原因,此外,基本轨胶垫腐蚀不良造成基本轨下沉,也容易形成尖轨翘头,严重时导致尖轨不能落槽。

2. 基本轨肥边影响道岔开程(动程),造成尖轨动作不同步,后到位的尖轨锁闭时电流曲线高,动作压力上升,同时列车过岔时缺口变化较大。

3. 密贴试验时基本轨横移,主要原因是某一根岔枕较高,造成轨撑与基本轨下颚间不接触或者轨距块与基本轨间存在间隙,试验时基本轨外移。

整治方法:

工务在尖轨跟端捣实或在尖轨跟端适当加垫胶垫抬高尖轨跟端,能有效解决尖轨翘头问题,将转辙部位水平起道捣固,更换不良胶垫,同时打磨肥边;调整轨撑均匀接触基本轨,并且固定螺栓紧固,消除道岔“三道缝”。尖轨跟端螺栓紧固作用良好,消除尖轨窜动,防止尖轨窜动时影响锁钩与销轴别卡,增加尖轨转换阻力。

(六)斥离尖轨"虚开"

尖轨到位后斥离尖轨锁钩凹槽与锁闭杆凸台作用面出现缝隙,使用撬棍扳动斥离尖轨出现动程变小现象。斥离尖轨虚开过大会造成各牵引点不同步,虚开大于 16 mm 会影响转辙机的表示,一般为卡缺口或静态失表。

原因分析:

1. 为延长曲尖轨使用寿命,将曲尖轨加厚,造成两尖轨弹性不一致,而锁闭杆件两边长度仍均等。

2. 尖轨后部牵引点密贴调整片两侧加装不一致,造成动程无法调整至标准范围,引起前部牵引点斥离尖轨的虚开。

3. 尖轨跟端支距调整不当,尖轨跟端轨距调整块安装不合理或不起作用,造成斥离尖轨跟端固定不良。

4. 电务人员没有合理调顺各牵引点定反位锁闭量和动程,尖轨转换时不同步,有扭劲。

5. 在后部牵引点有较大密贴间隙时硬调密贴,致使密贴尖轨解锁时产生反弹,造成尖轨斥离过度,引起虚开。

整治方法：

1. 调整时要松开前部所有牵引点尖轨连接铁螺栓，在尖轨自由状态下，取出所有动程调整片；从尖轨后部牵引点往前逐点顺序调整锁闭量、动程，在状态不利条件下，后部牵引点的动程在允许范围内可适当偏下限，以便于前端牵引点消除虚开。

2. 电务将尖轨手摇到中间的位置，工务将跟端轨距块取出，然后工务根据间隙选择合适的轨距块塞实。

3. 调整尖轨防跳限位装置使其符合规定标准。

第三节　轨道电路病害整治

一、病害整治

1. 严格按照胶接绝缘接头操作手册和技术条件进行作业，提高胶接绝缘接头整体剪切强度和电气绝缘性能。

2. 消除扣件及引接线的安装侵害，加强接头处养护，以避免列车对接头冲击过大。将铁制轨距块更换成绝缘轨距块，更换绝缘一体弹条。

绝缘轨距块

绝缘一体弹条

3. 应避免撞击绝缘接头部位，防止破坏绝缘层，造成绝缘性能失效。

4. 加强钢轨侧磨严重处所检查，及时清除接头钢轨肥边。

5. 合理设计胶接绝缘接头，应能满足以下要求：

(1)在接头范围内，钢轨应能像其他部位一样，承受列车通过时作用在其上的垂直冲击和横向冲击。

(2)在温度力作用下，胶接接头的轨缝没有变化，或变形控制在允许范围之内，接头能够可靠传递温度力。

(3)胶接接头必须可靠绝缘和耐高压，能够满足轨道电路在接头处的绝缘需要和抗电气化区段高压回流引起的击穿。

6. 加强对钢轨胶接绝缘接头的维护，应采取如下措施：

(1)绝缘端板处破裂或两端钢轨轨头经车轮碾压后出现肥边的绝缘接头应打磨、切除轨端肥边，并将轨头部位再倒棱。

(2)检查轨头顶面、侧面、下颚、夹板端部是否积存污物，若有应及时清除干净，避免污物侵蚀破坏绝缘胶层。

(3)定期检查钢轨对钢轨、钢轨对夹板的绝缘性能，加强检测测试。

7. 减少电压击穿和电流拉弧灼伤影响，优化设计设置车站牵引回流断点，保障牵引回流流畅。

(1)扼流变压器、横向连接线及吸上线的设置应满足回流通畅的要求，尽量减少牵引回流的切断点，在保证轨道电路正常工作的情况下，在绝缘节处应以扼流变压器中间连接板的方式导通牵引回流。

(2)车站咽喉区梯形道岔处的绝缘节不要设置牵引回流切断点，应在梯形道岔上的绝缘节两端设置扼流变压器，导通牵引电流回路。

(3)牵引回流切断点尽量设置在钢轨中牵引回流较小的位置，应将牵引回流的断点由发车进路移设至正向接车进路。

8. 按轨温计算轨缝，合理设置，使轨缝应经常保持在 8～12 mm 左右为宜(经验值)，同时前后3～5 个接头不得有大轨缝和瞎缝。

9. 认真检查整治，以定期检查和日常检查相结合的方法，检查绝缘轨缝和前后 3～5 个接头轨缝是否保持在合理值，建立卡控台账，并将检查结果随时填写在台账内，发现变化及时分析原因，通知车间工区及时整治。

10. 选用标准轨端，绝缘接头处钢轨必须使用工厂生产的标准钢轨，由于配置绝缘的需要，需截断钢轨时应垂直锯断，上下偏差不应大于 0.5 mm，并将钢轨的原始端放在绝缘接头处。如果不能将钢轨的原始端放在绝缘接头处，应该保证钢轨截断以后的断面尺寸偏差符合规定。

11. 加强日常养护。

(1)及时消灭轨端上下左右错牙,高低相差应控制在 1 mm 以内。

(2)加强捣固,及时消灭接头低扣、空吊和道床泛白(坍砟)、翻浆冒泥等线路病害,使接头处道床经常饱满、均匀,排水良好,轨面平顺。

(3)及时打磨轨端肥边,打磨时距轨端边缘不应大于 1 mm,以免形成“假”大轨缝,加剧动载对接头的冲击破坏。

(4)及时复拧螺栓,做好线路锁定工作,必要时增强线路防爬设备。

12. 做好日常补修。

(1)认真做好日常接头螺栓和轨枕螺栓紧固工作,使扭力矩和扣压力经常保持在规定值。

(2)及时补充更换失效的接头轨枕、弯曲的绝缘夹板和零配件,同时注意混凝土枕扣件不得与绝缘夹板接头螺栓接触,螺栓不得松动,木枕地段道钉应反钉在钢轨底,以防止道钉头短路。

(3)及时更换弯曲的接头螺栓,并保持紧固无松动。

二、作业要求

1. 道岔前端的通长连接板，是保持尖轨尖端处轨距的补强设备，一般安装在尖轨尖端或是尖轨第二牵引点前后两根岔枕上。通长连接板用两块L铁板，中间用螺栓连接组成。联结螺栓上套有绝缘套管，使螺栓和铁板间保持绝缘。在这些部位上作业时，不要使金属料具搭接在联结螺栓上；同时还应经常进行检查，更换不良绝缘套管。

2. 固定电动转辙机的角钢框架通过角形铁连接在道岔的两股基本轨上。角钢框架有四处通过基本轨下，角钢和轨底间用绝缘片隔开。在这个部位进行拨道、方枕木作业时，要注意两人不能同时在两股钢轨上拨动钢轨和枕木，以防两根撬棍同时搭接角钢和钢轨。更换滑床板时，不要使左右两根尖轨下方的滑床板同时碰到角钢和钢轨。更换尖轨和基本轨作业时，要把角钢和钢轨间的绝缘垫片固定在角钢上，以防脱落或丢失。

3. 道岔尖轨采用方钢型拉杆、连接杆时，在接头铁与尖轨之间设置绝缘。在这个部位作业时，应有电务人员配合。调整尖轨动程时，不要任意更换绝缘片，要注意保持绝缘片的绝缘性能。

4. 采用扁钢型拉杆、连接杆时，在拉杆、连接杆中间设置绝缘，作业时不得使起道机、铁锹、道镐、撬棍、道钉锤、铁筛子、扳手等金属工具压在道岔拉杆、连接杆的中间绝缘上。

5. 在道岔极性绝缘处作业时要特别注意以下几点:

(1)进行起道、拨道作业时,不要把起道机、撬棍放在道岔极性绝缘下边。

(2)紧固或更换绝缘接头螺栓,以及配合电务更换轨型和槽型绝缘时,要防止扳手同时接触绝缘接头两端螺栓。

(3)用铁锹、筛子整平填补充道床石砟时,不要使铁锹、耙子、筛子等工具接触极性绝缘中间处。

(4)使用单轨车时,应事先携带绝缘纸或槽型绝缘。将槽型绝缘覆盖在极性绝缘接头上,然后让单轨车通过;有足够人力时,也可将车抬过绝缘接头。

(5)作业人员如穿有带铁钉的鞋,应注意不要用脚踩在极性绝缘处。

6. 在道岔危险区(道岔上有两组极性绝缘,从极性绝缘往叉尾方面,两相邻钢轨分属于两个极性,所夹的区域称为危险区)作业,使用撬棍作业时,不要使撬棍碰到相邻两股钢轨;检查支距时,应使用绝缘支距尺;使用道镐捣固时,不要使道镐卡在和歪倒在两股钢轨上;打紧防爬器、上紧轨距杆时防止防爬器与轨距杆接触。

7. 在道岔跳线处作业时,如同在引接线处作业一样,或用铁锹串石砟,工具勿撞击跳线,以防撞坏保护层,单根抽换附有引接线、跳线的岔枕时,要与电务配合,待新岔枕换入后,由电务恢复引接线、跳线。

第五章　道岔结合部调整

道岔结合部的调整是电务部门、工务部门联合对道岔进行调整、通过调整使设备恢复联合状态的一项工作，能够减少道岔故障的发生，保证行车安全。本章主要介绍了道岔密贴调整、外锁闭调整、道岔辊轮调整。

第一节　密贴调整

一、道岔密贴检查通用要求

1. 直向通过速度大于 160 km/h 的道岔牵引点中心线处，密贴尖轨与基本轨、可动心轨与翼轨间有 4 mm 及以上水平间隙时，不应锁闭或接通道岔表示；两牵引点间有 5 mm 及以上水平间隙时，不应接通道岔表示。

2. 直向通过速度大于 120 km/h、小于等于 160 km/h 的道岔尖轨及可动心轨第一牵引点中心线处，密贴尖轨与基本轨、可动心轨与翼轨间有 4 mm 及其以上水平间隙时，不应锁闭或接通道岔表示；其余密贴牵引点检查 6 mm、尖轨牵引点间有 10 mm 及以上水平间隙时，不应接通道岔表示。

3. 外锁闭道岔各部件的安装尺寸、磨耗量符合《普速铁路信号维护规则　技术标准》要求。

二、道岔密贴工电结合部要求

1. 道岔各部框架、轨距、牵引点处开程（动程）符合标准，道岔无基本轨横移等结构病害。

2. 尖轨、可动心轨无影响道岔转换、密贴的翘头、拱曲、侧弯、肥边和反弹。甩开道岔转换杆件，人工拨动尖轨、可动心轨，刨切部分应与基本轨、翼轨自然密贴，心轨、可动尖轨尖端至第一牵引点范围内缝隙不应大于 0.5 mm，其余部位不应大于 1 mm。

3. 尖轨、可动心轨、基本轨的爬行、窜动量不得超过 20 mm。尖轨、可动心轨顶铁与轨腰的间隙均不应大于 1 mm,且间隙均匀。道岔尖轨防跳限位器、各部轨距调整块作用良好。

4. 尖轨、可动心轨底部与滑床台、辊轮间隙符合标准要求,滑床板无影响道岔转换的脱焊、断裂、塌陷、凹槽、侧斜等。

三、调整方法

1. 尖轨与基本轨密贴调整

道岔厂内组装铺设技术条件规定,尖轨尖端至第一牵引点处最大缝隙应不大于 0.2 mm,其余部分不大于 1 mm。道岔在运营过程中,由于轨距的变化,尖轨、基本轨的变形,通常在尖轨与基本轨密贴段产生一定的缝隙,为此需采取以下措施进行调整。

(1)工务部门严格按标准控制两基本轨间的框架尺寸,使框架尺寸保持在允许范围以内。

(2)采用拨、改、弯等方法调整直基本轨方向,调整曲基本轨第一、第二弯折点位置及弯折矢距,使第一、第二弯折点间为直线。

(3)尖轨竖切部分可利用专用尖轨调整器对尖轨的线形进行调整,保证尖轨与基本轨密贴。

2. 可动心轨与翼轨间的密贴调整

(1)调整翼轨咽喉尺寸,保证可动心轨的动程符合要求。

(2)调整翼轨弯折矢距,保证翼轨与可动心轨密贴段顺直。

(3)打磨可动心轨作用边及长短心轨间的肥边。

(4)利用不同厚度的轨距块及垫片对翼轨进行调整。

3. 尖轨(可动心轨)与滑床台板的间隙调整

要对尖轨(可动心轨)与滑床台板的总体状况综合考虑,首先对尖轨(可动心轨)与台板的总体密贴状况进行测试,找出缝隙最大点和完全密贴点,然后判断是尖轨(可动心轨)问题或是垫板组件问题。首先解决密贴过紧且直接影响其他部位密贴的部分台板,必要时可以同时配合升降岔枕,但要注意钢轨水平的保持。

当尖轨(可动心轨)不密贴,双方存在争议时,电务部门甩开杆件后,工务部门人工拨尖轨(可动心轨)能正常密贴且不反弹,由电务负责调整密贴;无法正常密贴或存在反弹的,由工务部门整治密贴后,电务部门再作调整。

第二节　外锁闭道岔调整

一、GW 型外锁闭装置密贴调整检查方法

(一)调整方法

1. 道岔密贴调整通过增减密贴调整片进行,多机牵引道岔密贴调整原则上应从辙叉往岔尖方向逐点顺序调整。

2. 道岔尖轨(可动心轨)第一牵引点在锁闭铁与锁闭框间累加 0.5 mm 密贴调整片,直到道岔不能锁闭为止,然后再取出 1.5 mm±0.5 mm 调整片。密贴段其他牵引点密贴调整时,在锁闭铁与锁闭框间累加 0.5 mm 密贴调整片,直到道岔不能锁闭为止,然后再取出 2.0 mm±1.0 mm 调整片。

(二)检查方法一

1. 用塞尺检查宏观密贴,尖轨(可动心轨)尖端至第一牵引点密贴缝隙不大于 0.5 mm,其余密贴段不应大于 1.0 mm。

2. 锁钩、锁闭杆应能左右适度摆动,锁钩与锁闭铁锁闭斜面应自然吻合,间隙不大于 0.5 mm;用长度 350～450 mm 的工具向上撬动锁钩尾部,锁钩与锁闭杆凸台锁闭平面间有不小于 0.2 mm 间隙,松手后自动落下。

（三）检查方法二

1. 用塞尺检查宏观密贴，尖轨（可动心轨）尖端至第一牵引点密贴缝隙不大于 0.5 mm，其余密贴段不应大于 1.0 mm。

2. 用长度 350～450 mm 的工具向外撬动密贴尖轨（可动心轨）尖端轨腰内侧，密贴缝隙有 0.5～1.0 mm 的位移量，松开后尖轨（可动心轨）能自动弹回。

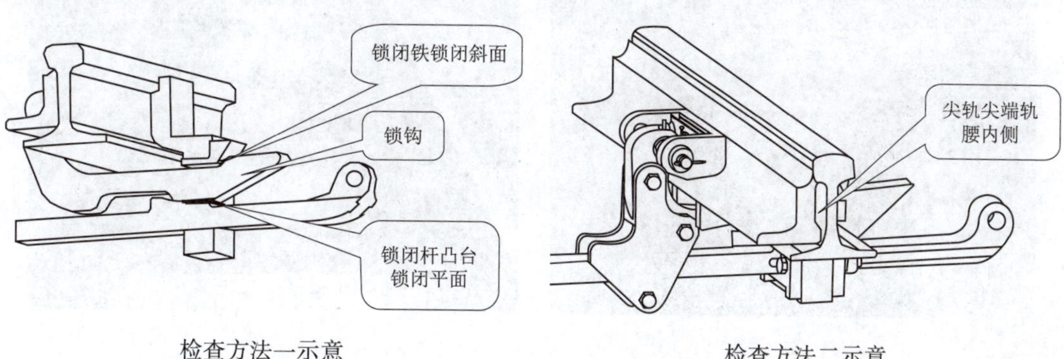

检查方法一示意　　检查方法二示意

二、调整要求

1. 调整两锁闭框，使两侧锁闭框对正，调整基础托板位置使转辙机动作杆、连接杆、锁闭杆在同一直线位置，保证外锁闭装置在定反位转换过程中动作平稳，无别卡现象。

2. 密贴调整

通过增减锁闭铁和锁闭框之间的调整片，使两尖轨（可动心轨）与基本轨（翼轨）密贴满足要求。

3. 尖轨动程(开口)调整

通过增减尖轨连接铁与尖轨之间的调整片,使尖轨动程(开口)满足要求。注意每增加(减少)1 mm调整片,锁闭框与锁闭铁处相应(减少)增加1 mm调整片。如果有尖轨虚开现象,则不计虚动程(开口)量进行调整,并调整尖轨防跳限位装置位置,防止虚动程(开口)过大损伤到转辙机表示缺口。

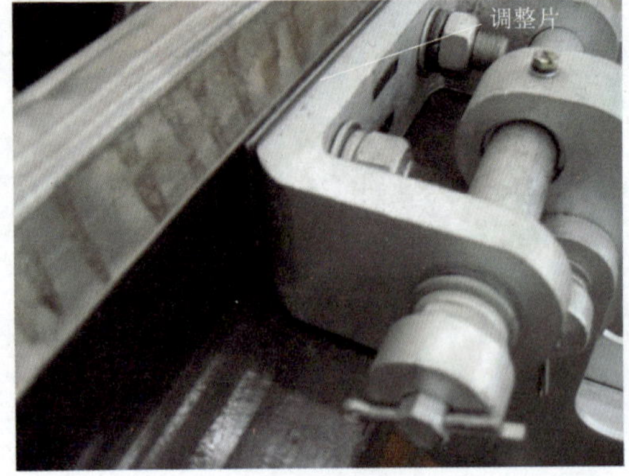

4. 尖轨动程(开口)偏差调整

通过调整动作连接杆接头螺扣的旋入量,使两侧尖轨动程量偏差小于 2 mm。

5. 表示杆调整

调整尖轨长、短表示杆无扣轴套和有扣轴套,使转辙机检测柱在定位、反位时落入表示(锁闭)杆缺口,并使缺口内两侧间隙相等,用螺母将无扣轴套紧固。

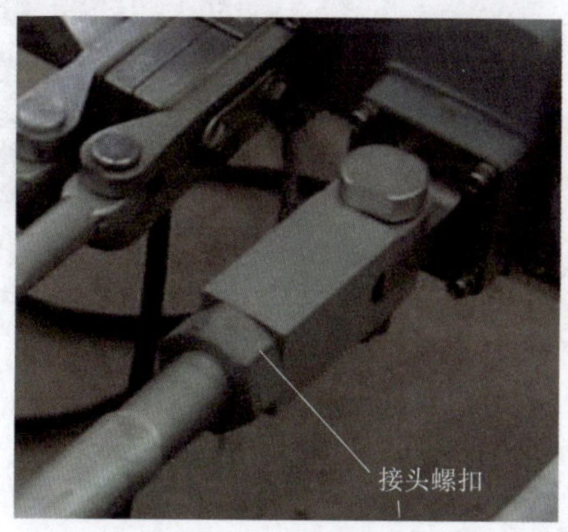

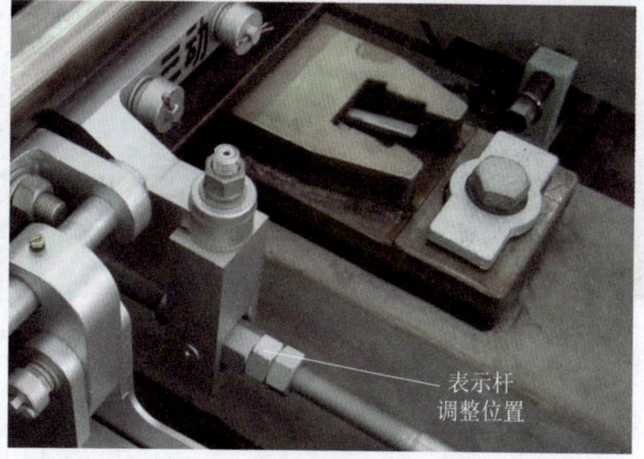

6. 调整可动心轨动作连接杆接头螺扣的旋入量或是动作连接杆的长、短，使两侧锁闭量偏差小于2 mm。

7. 尖轨的密贴、表示调整完成后，调整密贴检查器两侧接头连杆，使密贴检查器在定位、反位的表示均符合要求。

第三节　辊轮系统安装调整

1. 松动滚轮支架上的定位螺钉，取下螺母，使滚轮系统沿滑床垫板方向移动，调整滚轮位置。

2. 辊轮的高低调节，通过调节滚轮侧面轮轴的角度，可调节滚轮最高点与滑床台板台面的高度差。

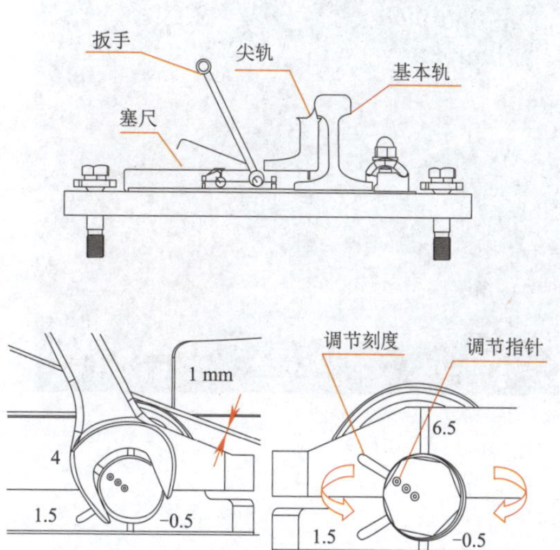

3. 保持里侧滚轮与尖轨轨底留 1～2 mm 的间隙，拧紧螺栓。

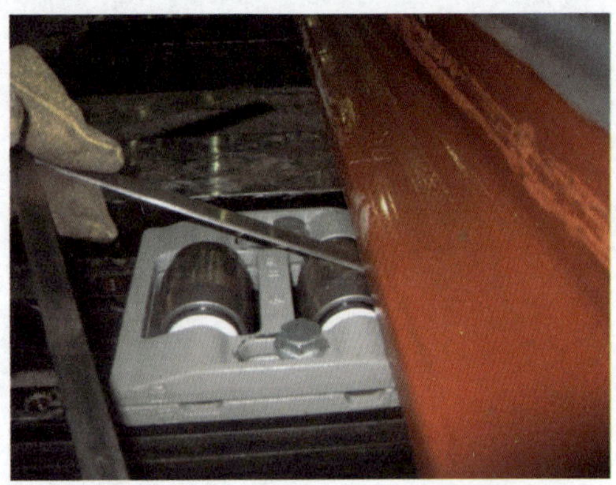

4. 在不吊板的情况下，打开尖轨与基本轨，使尖轨轨底与台板台面间隙 2～3 mm(要求塞尺2 mm可进，3 mm 不可进)。

5. 调节各尺寸合适后，再次紧定螺栓，并检验各个尺寸。

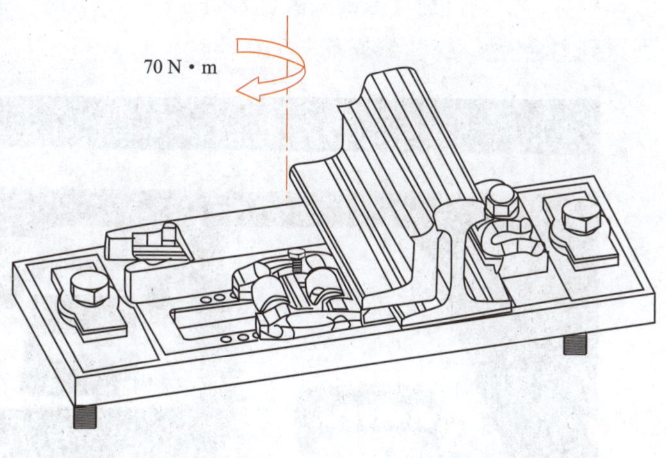

说明：

1. 单滚轮系统的调整方式与双滚轮系统类似，与尖轨轨底的间隙同样为 1～2 mm，单滚轮高度应高出滑床台面 3～4 mm。

2. 当轨底与滑床台面存有间隙时，应考虑此间隙对滚轮与尖轨轨底间隙的影响，总的原则是使尖轨受力达到与台板接触时，滚轮不与尖轨接触。